安庆近代史拾遗

吴　悦　著

合肥工業大學出版社

图书在版编目(CIP)数据

安庆近代史拾遗/吴悦著. --合肥:合肥工业大学出版社,2025.
ISBN 978-7-5650-6864-5

Ⅰ.K295.43

中国国家版本馆 CIP 数据核字第 2025D55V32 号

安庆近代史拾遗

吴　悦　著　　　　责任编辑　张　慧

出　版	合肥工业大学出版社	版　次	2025 年 7 月第 1 版
地　址	合肥市屯溪路 193 号	印　次	2025 年 7 月第 1 次印刷
邮　编	230009	开　本	710 毫米×1010 毫米　1/16
电　话	人文社科出版中心:0551-62903205	印　张	8.5
	营销与储运管理中心:0551-62903198	字　数	152 千字
网　址	press.hfut.edu.cn	印　刷	安徽联众印刷有限公司
E-mail	hfutpress@163.com	发　行	全国新华书店

ISBN 978-7-5650-6864-5　　　　定价:40.00 元

如果有影响阅读的印装质量问题,请与出版社营销与储运管理中心联系调换

前　言

安庆是在中国近代史上留有浓墨重彩的城市之一，尤其是旧民主主义革命时期，作为安徽省会所在地和全省的政治、军事、文化中心，安庆在推动中国近代历史发展进程方面发挥了重要的作用。

我是一名博物馆研究人员。几年前，安庆博物馆新馆开始筹建，我承担了“安庆近代文明陈列”的策展任务，彼时，我感觉到了沉重的压力，深感任务艰巨。

首先，在学界以往的相关研究中，对一些史实细节仍存在较多的不同意见和分歧，有的甚至尚有留白。例如，曾国藩在安庆曾设置众多局所，如内军械所、火药局、子弹局、枪炮局、谷米局、保甲局等，它们之间为何种关系？曾国藩驻安庆期间的日记中频繁出现的“五局二所”包括哪些局所，属于什么性质？安庆城区曾发现大量带有“同治元年安庆贡院”字样的铭文砖，为何史料中不见安庆曾设贡院的明确记载，也未见与之相关遗迹？等等。

其次，中国近代史料浩如烟海，纷繁复杂，史料之间互相抵牾的现象多见。例如，关于晚清安徽陆军总火药库——安庆菱湖嘴火药库的位置，以《皖政辑要》为代表的晚清官方史料及以《申报》为代表的清末民初非官方史料，均称其位于菱湖嘴或菱湖边，而以1915年版《怀宁县志》为代表的民国官方史料对火药库名称和位置的记载均发生了改变，且多存在自相矛盾之处。为什么会发生这种情况？晚清及民国安庆老地图上曾有五处标为火药局的地点，这些火药局各自为何种性质？与菱湖嘴火药库有何关系？

再次，一些出土于安庆、承载着丰富的近代安庆历史信息的馆藏文物，也需要通过深入研究与考证，对其蕴含的历史文化内涵进行解读，并运用于陈列之中。

上述许多问题在正史、地方志书或学界以往的研究中都难找答案，而这些具体史实都是具有微观叙事特点的博物馆展陈绕不开的细节。同时，博物馆作为社会教育机构以及服务大众的历史文化宣传阵地，有责任也有义务从微观研究的角度，为观众还原真实的历史。

本书是在我几年来撰写的19篇安庆近代地方史相关文章的基础上修改完善而成。这些文章基本为考证性质，都是我在“安庆近代文明陈列”策展前后的研究积累与深化。总体而言，本书的内容，有些与传统旧说不同；有些则是将正史或地方志书中宽泛的史实记载具象化，挖掘了更多的细节；有些是对地方近代文物的研究考证。因此，本书的出版，希望能于乏人注意之处为历史的补苴罅漏聊尽微薄之力，同时也希望能够让那些对素有“万里长江此封喉，吴楚分疆第一州”之称的安庆这座城市历史有好奇之心的读者从阅读中有些许收获。

囿于水平，本书难免存在谬误之处，敬请方家批评指正。

目　录

第一章　安庆龙湫祠与龙湫石刻

第一节　安庆龙湫祠与祈雨旧事

在中华传统文化中，龙是具有行云布雨能力的神物，也是封建时代祈雨仪式中的主角。唐宋以后，封龙神为王，龙王崇拜更是大行天下。明清时期，朝廷时常在各地敕封龙神，致使龙王崇拜和龙王庙的建造都达到了极盛。

安庆北郊的大龙山西麓，有一处由山泉汇聚而成的碧潭，名为龙湫，旧时亦称龙井或雷泽，因潭中水质清冽，夏日不溢，冬日不竭，泉水流到山下，灌溉数千顷农田，历来被安庆乡民视为圣地。明洪武七年（1374），朝廷敕封大龙山龙湫为“天井顺济龙王”，将其纳入官方祀典，并建龙湫祠（又称大龙山龙王庙）一座。明清两代，这里都是安庆地方政府的官祠，每年农历二月十五日和八月十五日[①]，地方官员都要来此祭祀，遇到大旱之年，更要到祠中拈香祷告。

龙湫周围峰峦叠翠，怪石嶙峋，再加上除了龙湫祠外，附近还有真乙观、龙泉庵等香火繁盛的寺观，使得龙湫同时也成为明清两代安庆近郊最主要的游览圣地。明清两代地方官员对龙湫祠的修葺不遗余力，清代官员尤其热衷于在龙湫附近修亭刻铭，增添了众多人文景观。康熙十年（1671），知府姚琅在修缮龙湫祠的同时，在真乙观后建雨苍亭。九年后，知府刘槱又于清溪之上建清溪亭。道光四年（1824），安徽巡抚陶澍只身一人上山祈雨，下山即遇甘霖，大喜之下，不仅重修了龙湫祠，又在雨苍亭遗址上建孚泽亭。此外，山中还留下“忘归”“君恩山重”“仓门石”等多处摩崖石刻。

① 注：本书行文中，凡用汉字表示日期的为农历，用阿拉伯数字表示日期的为公历。

除了龙湫祠外，明清时期的安庆城内外，还曾建有多处龙王庙。

一是集贤门内的龙神祠。为了方便祭拜，清顺治十二年（1655），安庆知府李士桢又于康济门（即小南门）外建龙王庙一处；乾隆年间移建于集贤门外，更名为龙神祠。龙神祠的位置在原安庆城北门的拐角头，北正街和小珠子巷之间有一条名为“龙神祠巷”的巷道，就是因龙神祠而得名。

二是集贤门外的龙王庙。除了龙湫祠和龙神祠两处官方所建龙王庙外，安庆集贤门外约五里处亦曾有一座龙王庙，始建于明代，后毁。集贤关外人烟稠密，乡民多以务农为生，为了祈求风调雨顺，约于清中期集资复建此龙王庙。乡民每年正月初七日都会在庙中大设道场，并在神龛下放一碗米饭，用空碗盖住，到当年腊月二十四日开启，根据米饭的干湿和颜色来占卜来年的旱涝丰歉情况[①]。

太平天国占领安庆期间，大龙山上的龙湫祠和集贤门外的龙王庙均被毁无遗。同治二年（1863），两江总督曾国藩、安徽布政使江忠濬和安庆知府陈濬捐银重建了龙湫祠，集贤门外的龙王庙也于同治初年由乡人重建。

在封建社会，求神祈雨是与农业生产活动息息相关的重要社会活动，官府和乡民都十分重视，除了对各处龙王庙的修葺不遗余力外，遇到旱情，各自都会采取不同的方式来求神祈雨。

地方政府是祈雨活动的主角。祈雨关系到政绩考核，因此地方官员均不敢懈怠，为了保证祈雨成功，官方的祈雨仪式往往是按照步骤有序地进行。

旱情初起时，首先由怀宁县县令下令禁止屠宰，关闭南门（因南方属火），然后在龙神祠、城隍庙两处设祭坛，每天朝夕两次焚香祷告。之所以也要在城隍庙（分为府城隍庙和县城隍庙）同时设坛，是因为城隍作为掌管一城的神灵，兼有祈雨的职能。如果仍不下雨，安庆知府和安徽巡抚再相继去拈香祷告。

如果旱情仍然延续，地方官员就会到安庆城外的祈雨圣地——大龙山龙湫祠祷告，并从龙湫池中取水，带回城放在龙神祠内供奉。

如果本地的龙王不“显灵”，地方官们有时也会请别处山中的龙王来助阵。例如，潜山县（今潜山市）的天柱山真源宫，自宋元时期起，就是安庆地方官员常去祭祀的祈雨圣地，从清代至民国初年，安庆地方官员改为常到天柱山龙王庙祈雨，并从旁边的龙潭中取水，供奉于安庆城中的龙神祠中。邓华熙任安徽巡抚

---

① 朱之英等：《怀宁县志·卷九》，江苏古籍出版社，1998 年。

期间，也曾派官员到江西归龙山取来龙潭水供奉。

光绪十六年（1890）十月，安庆城整整三个月未下过雨，地方政府试遍了所有的祈雨方法，仍然未见甘霖。安徽巡抚沈秉成于是派人乘坐招商局轮船，远赴直隶邯郸县圣井岗龙神祠祷告，并将闻名全国的祈雨圣物“铁牌”恭迎回安庆，供于城内龙神祠中，朝夕祭拜①。

这样一套程序走下来，一般情况下也就能熬到下雨了。一旦下雨，就会被认为是地方官员为民请命的至诚之心感动上天的结果，成为彰显地方官政绩的重要事件。

由于祈雨关系政绩，地方官员为了成功祈雨常常无所不用其极，有时会重金聘请懂得“求雨秘诀”的民间“高人”帮忙祈雨，有时甚至会借助于巫术。

光绪二十一年（1895）五月至六月间，安庆城一个月未雨，怀宁县知县吴云涛赴大龙山龙湫祠祈雨，在龙湫旁捕获青蛙一只，于是将其带回城内，埋在大南门城楼上，并关闭南门，希望借助巫术的力量来求取甘霖②。

民间的祈雨仪式虽然不像官方那样有一定的步骤和程式，但祈雨方式也是五花八门。

旱情开始后，安庆城内家家户户都会悬挂纸幡，上面写有“祈雨”字样。农民们或者成群结队地头插柳条，到龙王庙、城隍庙等处祷告，或者抬着龙神偶像上街游行。一些好事者则会集资建醮，延请道士设坛求雨。由于民间的建醮活动常常会聚众过多，因此官府对这类民间祈雨活动往往保持谨慎的态度。

光绪二十四年（1898）十一月，安庆城数月未下过雨，从药王庙前到吕八街一段的铺户和部分居民于是集资延请东岳庙道士，在药王庙内设坛祈雨。道士们沿街搭满五彩棚帐，引得红男绿女结伴来观，一时间人潮拥挤，混乱不堪。地方官员害怕滋生事端，于是派人到现场驱散了围观的群众③。

清末民初，随着维新思潮的兴起和反迷信运动的萌芽，求神祈雨活动日益受到抵制。民初柏文蔚督皖时期，力图革除封建陋习，下令废除属于封建迷信范畴的非正当宗教，捣毁了城内城隍庙、东岳庙、龙神祠等处的神像，并没收庙产改为市场和学堂等。

但留传千年的封建旧俗没能就此改变。北洋军阀统治时期，在安庆延续了求

① 《申报》，1890 年 11 月 26 日。
② 《申报》，1895 年 7 月 1 日。
③ 《申报》，1898 年 12 月 23 日。

神祈雨的旧俗。由于龙神祠和城隍庙等处的神像均被毁，庙产被没收后改造出租，倪嗣冲督皖时期，多次在都督府（后相继改称巡按公署、省长公署）内设坛祈雨，并从大龙山龙湫内取来龙井水供奉于署内，“亲自拈香祈祷”[①]。1914 年 8 月，安庆久旱不雨，倪嗣冲在巡按公署设坛祈雨未能成功，又派人赴潜山县望山龙王庙求雨[②]。

1927 年南京国民政府成立后，制定一系列律令，掀起了“破除迷信运动”。此后，求神祈雨活动日渐式微，尤其是官方祈雨活动，基本已经绝迹。直至 1934 年，中国南方数省发生了百年罕见的重大旱情，其中江浙皖三省受灾尤为严重，各地的祈雨活动均有死灰复燃的迹象。

旱情初起之时，安徽省会公安局为了破除迷信，防止人们聚众祈雨，颁布了禁止祈雨的布告。随着旱情的发展，安庆城内一些米商乘机囤积居奇，米价暴涨，其他粮食作物价格也一路上扬。乡民们于是试探性地让一些儿童抬着纸扎的龙神偶像上街祈雨，结果遭到警察阻止，并发生了小规模的冲突。由于旱情的日益严重，当年 7 月初，城内一些慈善团体和佛教会纷纷开始建醮诵经，各乡镇农民也成群结队地头顶枯禾，抬着大龙山龙神的神像进城请愿，请求地方政府举行祈雨活动。地方政府没有其他办法解决重大旱情造成的社会危机，迫于舆情压力，省会公安局和怀宁县政府被迫联合发布公告，自 7 月 14 日起禁屠祈雨。7 月 16 日，省会公安局局长张本舜和怀宁县长孙霈方率领城内绅商多人，赶赴大龙山龙神祠拈香祈雨。《申报》对这一事件作了报道，并评论说：“此为民十六年以后罕见之现象。”[③]

如今，老安庆的三座龙王庙都已不见昔日踪迹（现大龙山龙山寺及龙池寺均为后建的佛教寺院）。20 世纪初，在安庆居住了八年之久的美国学者 J. K. 施赖奥克于所著的《近代中国人的宗教信仰——安庆的寺庙及其崇拜》一书中收录了一张照片（图 1. 1）[④]，注释为“文学诸神”（作者可能将神像误认为文昌神）。照片中的三尊神像中，居中的一尊显然是龙王神像，其左侧为山神，右侧为土地神，身后的背板上绘有云龙行雨的画面。民国以后，集贤门外的龙王庙破败废弃，城内的龙神祠神像被毁，后又被“安徽巡警教练所”占用，只有大龙山上的

① 《申报》，1914 年 7 月 29 日。

② 《申报》，1914 年 8 月 8 日。

③ 《申报》，1934 年 8 月 2 日。

④ ［美］J. K. 施赖奥克：《近代中国人的宗教信仰——安庆的寺庙及其崇拜》，程曦译，安徽大学出版社，2008 年。

龙湫祠香火未断，继续存在了一段时间。从照片的拍摄时间（1920 年前后）以及龙王与山神、土地神共祀等情况，可以推测照片中的龙王神像为大龙山龙湫祠中供奉的大龙山天井龙王。

图 1.1　龙湫祠神像

第二节　安徽抚署花园里的龙湫石刻

旧时，人们常将山间带有瀑布的深潭看作神龙居住的场所，称之为龙湫。安庆市郊大龙山山谷中就有龙湫池一处，明初曾在池旁建龙王庙，是封建时代安庆官民求神祈雨的圣地。

安庆博物馆收藏有一方龙湫石刻，为早年改造安徽抚署旧址（此地民国时为安徽省长公署，新中国成立后为中共安庆市委大院）时发现的。石刻质地为白色大理石，无上下款，上书隶书“龙湫”二字（图 1.2）。

图 1.2　龙湫石刻

民国安徽教育界名流程滨遗（字小苏）所著《安庆旧影》记载："旧抚署之安园，与藩署之成园并胜，抱瓮园又为安园之一部，菜根香亭、后乐轩，均叙入抚院中。又有鹤冢龙湫，皆园中景。"① 所以，龙湫石刻应为清代安徽抚署花园水景的题刻。而此水景既以龙湫为名，应为一处带有小型瀑布的深池。

太平天国时期，安徽抚署花园因战乱而荒芜破败。湘军克复安庆后，吴坤修先后任安徽按察使、安徽布政使等，并曾任护理巡抚一职。在此期间，他对抚署花园加以修葺及扩建，更名为安园，并作《安园十景》诗。诗中吟咏了结岁寒缘馆、恩余亭、蔬圃、度鹤桥、龙湫等十处景观，其中咏龙湫的诗句为：

一口尽西江，喷作壶中唾。
为语探珠人，骊龙未酣卧。②

这是出现龙湫水景名称的最早的史料，但这并不能证明龙湫石刻即刻制于吴坤修在皖时期。

与龙湫石刻同时在安徽抚署旧址被发现的，还有一方度鹤桥石刻，亦为隶书，惜已佚失。度鹤桥也是安园十景之一，两碑书法作者为同一人，大多认为是晚清安庆著名书法家胡竹芗。

胡竹芗（1834—1904），名杰，字竹芗，是安庆百年老字号胡玉美家族的第二代传人，也是晚清安庆著名的书法家，四体皆工，隶楷尤精，其隶书以邓石如为师，几能乱真。

但笔者认为，胡竹芗为抚署花园题刻的可能性不大。首先，胡竹芗虽然诗书俱工，但彼时只是一介儒商。古时对题额书法十分重视，能够为抚署花园题额的人，除了要有较高的书法水平，对其身份地位一般也会有一定的要求，况且吴坤修于同治七年（1868）到同治八年（1869）间修葺安园时，胡竹芗才三十多岁，无论是书法水平还是声望，都未达到巅峰时期。其次，龙湫石刻上的隶书铺毫散锋、自然放逸的风格，与胡氏隶书整饬静穆的气度还是有所区别的。

安园修葺完工后，吴坤修曾请著名的湘军水师统帅彭玉麟为园中景观题额。

同治八年（1869），彭玉麟在三次辞任安徽巡抚一职后，又辞去一切官职，回籍为母守制兼养病，临行前作《述怀十二律》留别，吴坤修亦作长诗相和。当时，安园的修葺已基本完成，园中新建了结岁寒缘馆、恩余亭等建筑。在和诗

---

① 程滨遗：《安庆旧影》，安庆市交通局史志办公室，1983 年。

② 吴坤修：《三耻斋初稿·卷十二》，同治四年（1865）半亩园刊本。

中，吴坤修请求彭玉麟在安庆多留十日，为园中建筑题额。其中一首为：

不徒悔过校遗经，长纪君恩结草亭。
洗濯自临溪水碧，省观独对远山青。
托身未许三年住，遮道何妨十日停。
倘肯劈窠书大字，墨香留与镇幽庭。①

紧接其后，又有《次方子颖廉访韵，为雪琴宫保题西湖访隐图》一首。据此可以推断，彭玉麟答应了吴坤修的请求，为安园中新建亭阁题额，而在安庆逗留期间，彭玉麟也曾请吴坤修为其所作的《西湖访隐图》题诗。

彭玉麟和吴坤修都有较高的书法素养，有较多书法和题刻作品传世，但二人均不擅长隶书，未见隶书作品。

那么，两方石刻的题刻者究竟是谁呢？

安徽抚署花园在以安园为名前，曾两易其名。据民国《怀宁县志》记载，花园为鄂乐舜任巡抚时（1754—1755）所辟建，时名“集庆园”；托庸任巡抚时（1761—1765）更名为“抱瓮园”，在园中建“菜根香亭”；后闵鄂元抚皖时（1776—1780）重修，并作有《重修抱瓮园菜根香亭记》传世。

有清一代，安徽抚署花园几度兴废，除了受政治局势影响外，也与历任巡抚的个人喜好相关。除了鄂乐舜、托庸、闵鄂元和吴坤修外，冯钤、王汝璧、康绍镛、邓廷桢等都曾修葺抱瓮园，而园中水景主要成型于康绍镛、邓廷桢时期。

康绍镛于嘉庆二十一年（1816）至嘉庆二十四年（1819）在任。他上任时，抱瓮园已经荒废很久了，园内本有“屋五楹而翼以三楹之轩，地纵可百武，广二百武，后引小沟，傍沟积土为阜，案演膏润，可树可蔬”，彼时却“蒿长于人，芜秽杂积，沟既填淤，雨则潦溢上阶”②。康绍镛疏浚了小沟并将其深挖，将挖出来的土倒在小丘上以增加其高度，又加大地势高低的差异，建造水闸，蓄水为池。这应该就是抱瓮园龙湫水景的雏形。

康绍镛对抱瓮园的修葺是缓慢而有节制的，他于整个任职期间，治事之暇即“率宾从从容啜茗，指挥童奴洒扫饬治，屋不增旧，径不更蹊，役不及民，虑不劳已，无费财，无旷事”③，因此，康绍镛在园中立碑刻石的可能性不大。

---

① 吴坤修：《三耻斋初稿·卷十二》，同治四年（1865）半亩园刊本。

② 李兆洛：《养一斋集·卷十·菜根香室题壁》，道光二十四年（1844）。

③ 李兆洛：《养一斋集·卷十·菜根香室题壁》，道光二十四年（1844）。

邓廷桢从道光六年（1826）四月至道光十五年（1835）八月任安徽巡抚，任期达十年之久，仅次于同光年间任期达十一年的裕禄。

邓廷桢十分善于用人，他在抚署中开设八箴堂，广招文界名流，晚清文坛颇具盛名的管同、方东树、梅曾亮、马沅等，都被他延入幕府。

邓廷桢上任的第二年，即捐银二百两，用于修葺再度荒芜的抱瓮园，其中水景的修葺是最主要的工程。邓廷桢和管同等人的诗文中，零星地介绍了修葺工程的内容。

园中的三楹旧屋是接待宾客的场所，原本湫隘晦暗，邓廷桢扩大了园中水域的面积，将这三楹旧屋改造成傍水的船屋，又在屋前列置大石，作为与幕僚晏坐唱和之所。

此次修葺工程持续了一年多才正式完工。此后，邓廷桢在他漫长的任期内，常与一众幕僚坐在船屋前的大石上和章联句，留下了大量佳作名篇。

邓廷桢曾作《观抱瓮园水闸和异之》诗一首：“少小为文章，百斛泻寒水。拗怒不肯下，欲蹴波澜起。兹来看放闸，壮观适类比。激湍耸鳌背，腥涎漱龙齿。漩涡深不测，学海迅如驶。喷倒万马群，安得有骥子。”[①] 诗中邓廷桢以作文与放水闸相比，与幕僚管同讨论文章之道，从中亦可窥见抱瓮园内龙湫水景之端倪。

那么，龙湫石刻是否也刻石于此一时期呢？

根据《安庆旧影》“抱瓮园又为安园之一部，菜根香亭、后乐轩（后乐轩为民国安徽省长许世英添建），均叙入抚院中”的说法可知，吴坤修扩建安园时，恢复了原抱瓮园在战乱中幸存的旧景观。

程滨遗说：“鹤冢龙湫皆园中景。”许世英亦曾有诗云：“门前孤鹤留芳塚，天外苍龙尽夕辉。”有史料证明，此鹤冢即为邓廷桢所修。邓廷桢酷爱蓄鹤，任皖抚期间，曾获赠仙鹤一只。后仙鹤死去，邓廷桢将其埋在抚署花园中，并作《瘗鹤行》诗以纪念：

刘郎揽辔南交行，遗我一鹤霜毛清。
临风似惜主人去，引吭含睇时孤鸣。
徘徊顾影松杉下，雌凤女龙怨遥夜。
俯仰难为碧落翔，支离竟作朱方化。

---

① 邓廷桢：《双砚斋诗钞・卷十一》，清末刻本。

寻烟吊月山之阿，纵赋招魂奈尔何。
已是惊寒随庾信，还思入梦揖东坡。
一抔之土作幽室，欲勒铭辞无健笔。
江云幽幽江水长，送汝华阳访真逸。①

可知邓廷桢为仙鹤修了鹤冢，立了墓碑，但没有像旧时文人雅士们常做的那样，为这只鹤刻制铭辞。民国安庆道尹李大防（字范之）曾有诗咏安园："瘗鹤无铭空有冢，潜龙不见尚名湫"②，即缘于此。

曾任邓廷桢幕僚的桐城方东树所著《仪卫轩诗集》中有一首以抱瓮园为题、与邓廷桢唱和的诗作，诗中有"此处轩墀我旧经，起废铭新玉理璞"③ 一句，证明邓廷桢在修葺抱瓮园时，确实曾经刻制石额。

和彭玉麟、吴坤修二人一样，邓廷桢也不工于隶书，但他的幕府中有一位以擅长汉隶而闻名于当时的幕僚，名马沅，字韦伯，号湘帆，江苏上元（今属南京）人，为邓廷桢同乡，后官至监察御史。

马沅善作骈体文，又工八分书，颇得邓廷桢的赏识，其诗集中有很多为马沅而作或与之唱和的作品。道光九年（1829），马沅考中进士，邓廷桢曾作《喜韦伯登第》，诗中"老子自夸能相士，江楼一笑覆深杯"④ 一句，表达了对自己慧眼识才的自豪与欣喜。

不久，邓廷桢又作《观韦伯作八分书》一首：

翰林骈俪匹开府，余事颇工八分书。
蚤从尉律讽孳乳，平视中郎非虎贲。
栗尾飞腾迅风雨，麦光叆叇成烟云。
君之湜籍吾迈过，寿陵学步亦能军。⑤

在诗中，邓廷桢将马沅比作东汉著名文学家、书法家蔡邕，足见对其文学和书法才能的欣赏。

石刻上"龙湫"二字，结字舒展开张，笔法古朴而洒脱自然，收笔多散锋扫

① 邓廷桢：《双砚斋诗钞·卷十三》，清末刻本。
② 程滨遗：《安庆旧影》，安庆市交通局史志办公室，1983 年。
③ 方东树：《仪卫轩诗集·卷一》，同治七年（1868）刊本。
④ 邓廷桢：《双砚斋诗钞·卷十二》，清末刻本。
⑤ 邓廷桢：《双砚斋诗钞·卷十二》，清末刻本。

出，渲染出云龙行雨般淋漓的意境，达到了字与景交融的境界。而这种野逸的隶书书写风格，与邓廷桢诗中“栗尾飞腾迅风雨”的行笔方式是相符的。

马沅的传世书法作品不多，笔者仅寻得西泠印社的藏品图片一幅（图 1.3），与龙湫石刻对比，二者同样具有疏朗灵动、自然放逸的特点。

综上所述，笔者认为，龙湫石刻刻石于邓廷桢抚皖时期，题刻者为邓廷桢的幕僚马沅，应为马沅中进士后离开安庆赴京前所题。

图 1.3　马沅为（清）顾莼《墨梅图》之题诗

第二章　安庆出土的近代兵器

第一节　安庆出土的太平天国兵器

从清乾隆二十五年（1760）至1949年间，作为安徽省会的安庆，经历了很多腥风血雨的战役，其中以太平天国安庆保卫战最为惨烈。安庆至今仍留有一些战斗遗址以及太平军和湘军各自挖掘的战壕和构筑的营垒遗迹。20世纪七八十年代，在这些遗址和遗迹中陆续出土了一批太平军在安庆保卫战中使用过的兵器。

一、南水关出土的刀形矛、虎叉等

1. 刀形矛

刀形矛（图2.1）是将中国传统兵器矛改造为单刃的刀形，圆骹细长，刀体略呈柳叶形，锋端尖利。通长45.5厘米，刀身长23厘米，刃宽5厘米。

2. 虎叉

由打虎工具虎叉改造而成（图2.2），前端呈三股叉状，中锋呈锥形，起四棱，较细长，与骹相连；两侧锋扁平，贯连呈牛角形。三锋均尖锐，两侧锋为双刃。通长20厘米，骹长9厘米。

刀形矛和虎叉为1980年安庆市自来水厂于南门兴建蓄水库工程时出土，同时在当地约300米长的地段内还发现了累累白骨。

图2.1　刀形矛

咸丰十一年（1861）八月，湘军曾国荃部攻破安庆城，

图 2.2 虎叉

随即对安庆进行了血腥屠城，数万安庆军民被屠杀。曾国藩的幕僚赵烈文目睹并记载了这次惨祸："杀贼凡一万余人，男子髫龀以上皆死……妇女万余俱为掠出"，"军兴以来，荡涤未有如是之酷者矣。"① 刀形矛和虎叉，应是安庆城破后，太平军将士与湘军巷战中使用的武器。

二、太平军杨家嘴营垒出土的兵器

太平军杨家嘴营垒，位于安庆市菱湖北岸。营垒原高出湖面 2～4 米，总面积 16200 平方米，现已遭破坏。据当地农民介绍，原来整个高地周围有战壕，现仅存南面临湖一段战壕遗迹。1985 年，在营垒北端出土 S 形护手刀、刀形矛、剑、月牙铲等 18 件太平军铁质兵器。

这批兵器中的 S 形护手刀、D 形护手刀等兵器并不是中国传统兵器的样式，与北京的中国人民革命军事博物馆收藏的英、俄等国侵略者使用的战刀等兵器的形制颇为相似，应为仿造同时期西洋各国形制的兵器（图 2.3）。

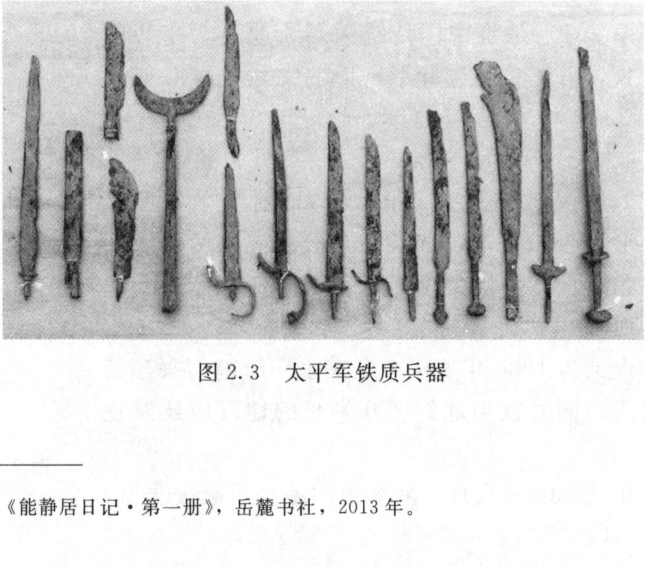

图 2.3 太平军铁质兵器

① 赵烈文：《能静居日记·第一册》，岳麓书社，2013 年。

三、"安省造"铁炮

1972 年，在安庆二中后门处（即东北角城墙根处）取土时，发现了 6 门前装式铁炮。这些铁炮被置于马蹄形炮台上，其炮位正对菱湖方向。其中大型炮 4 门，每门长 130 厘米，口径 12 厘米，重约 400 千克。炮身正面铸阳文楷书："太平圣炮，乙荣五年安徽省造"（太平天国时期将地支中的"丑"改为"好"、"卯"改为"荣"、"亥"改为"开"，"乙荣"即为"乙卯"，乙荣五年为 1855 年）。中型炮 1 尊，长 127 厘米，口径 9 厘米，重约 300 千克。小型炮 1 尊，长 108 厘米，口径 6.8 厘米，重约 200 千克。中、小型炮各铸阳文楷书"安省造"。

四、太平天国辛酉十一年造铁炮

1972 年，安庆市皖源酒店斜对面出土一架铁炮（图 2.4），为前膛装旧式炮，炮身铸有两行阳文，仅能辨识"太平天国辛酉十一年"等字样。

"安省造"铁炮和太平天国辛酉十一年（1861）造铁炮出土地点都位于原安庆古城东北角城墙根处，应为太平天国安庆守军用于城墙防御，兵败后坠落护城河中。

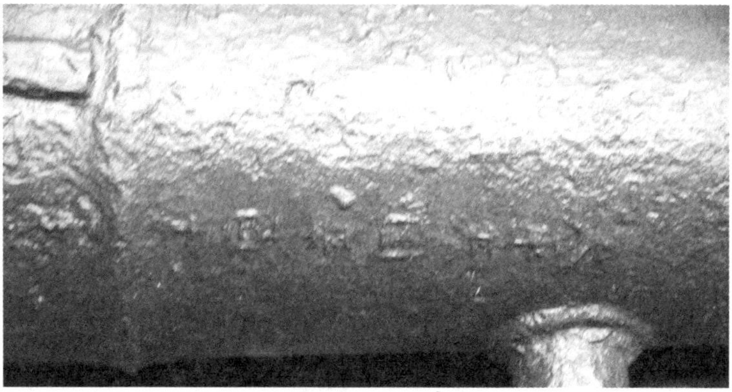

图 2.4　太平天国铁炮

五、安庆市长江路小学基建工地出土的太平天国火器

1989 年，人们在安庆市长江路小学基建工地发现了太平军掩埋的一批火器，共有铁炮 8 门、喷筒 8 尊，分 3 层叠压深埋。

8门铁炮中有5门为英国制火炮，形制大体相同。为前膛装滑膛式铁炮，炮身自药膛至炮口处渐细，口沿处为防炸裂加厚有箍，炮身正中部位有双耳，后端为带环形柄的圆形尾纽。5门铁炮均铸有皇冠标志，其中4门还分别铸有“E. C. L”“P. P”“S. J. S”“B. P”等英文缩写（图2.5、2.6、2.7、2.8）。

图2.5 带“E. C. L”铭文的铁炮

图2.6 带“P. P”铭文的铁炮

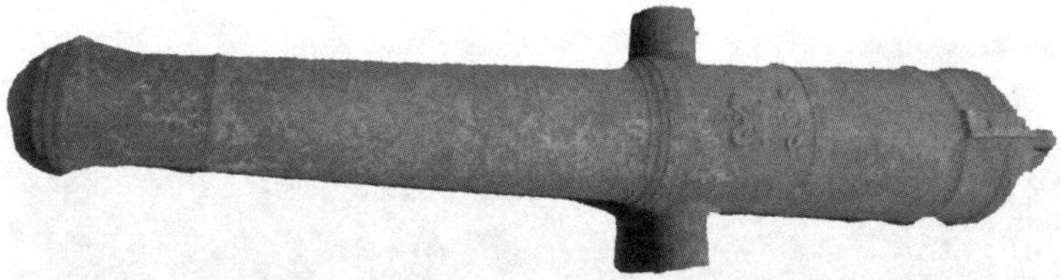

图2.7 带“S. J. S”铭文的铁炮

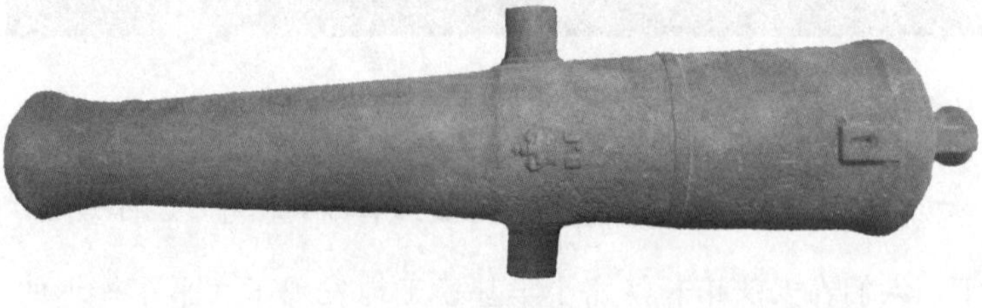

图2.8 带“B. P”铭文的铁炮

炮体上所铸的英文缩写目前学界还未有统一的释义，应是英国铸造公司名称的缩写。5门炮上所铸皇冠图案的样式和位置各不相同，说明这些铁炮应该不是出自同一家铸造公司。由此也可以看出，这批铁炮可能不是太平军从洋人手中成批购买的，或是在历次战役中从湘军手中缴获所得。

从上述安庆出土的太平军兵器中，我们可以得出以下结论：

第一，安庆保卫战时期太平军的兵器构成较多，但仍以冷兵器为主。

安庆出土的这些太平天国兵器，大多出土于安庆保卫战的太平军营垒之中，尤其是长江路小学出土的铁炮和喷筒等，摆放整齐，分三层叠压深埋，应为战斗失利后太平军就地掩埋。从这些兵器的出土，我们可以看出，在安庆保卫战时期，太平军使用的兵器主要分为五类：一是中国传统兵器或由农具、工具改造而来的土制冷兵器，如刀形矛、虎叉、月牙铲等；二是仿制同时期西洋各国使用的冷兵器，如各种形制的护手剑、护手刀等；三是中国传统火器，如喷筒，即为我国明代所创制的用于攻守城寨和水战的喷射火器；四是缴获或购买的西洋旧式前膛火炮，如带皇冠图案和铸造公司名称缩写的英国火炮；五是自制的火炮，如“安省造”铁炮、辛酉十一年造铁炮等。

由此可以看出，太平军是一支以农民和手工业者为主的起义队伍，大量有一技之长的铁匠、矿工等手工业者的加入，使得太平军在起义初期即开始自己制造大量的土制铁兵器和火炮。建都天京后，太平军在天京和各地的太平军中设立了制造各种兵器的“典炮衙”“铜炮衙”“铅码衙”“典硝衙”“红粉衙”以及“铁匠衙”等机构，其中，铁匠衙就是制造刀、矛等冷兵器的机构。安庆出土的刀、叉、剑等说明，虽然随着起义军势力的发展，农民军通过从清军手中缴获、自制以及从洋人手中购买等方式获得了大批先进武器以及近代化的火器，但是安庆保卫战时期，太平军在遭遇短兵相接时，普通士兵使用的主要兵器仍然是以土制的刀、矛等冷兵器为主。

第二，安庆曾是太平天国重要的军工厂所在地。

太平天国自起义初期始，就开始制造铁炮。石达开是太平天国制造铁炮的首倡之人。早在金田起义前夕的1850年8月，他就曾为准备起义，在桂平县和贵县交界的白沙“竖木为东西辕门，开炉铸炮”①（金田、白沙至今仍留有太平军的铸造遗址）。此后，太平军在攻城略地的过程中，一直没有间断土制铁炮的制

① 《贵县志·卷六》，光绪二十年（1894）。

造。在作战部队以外，主管军队后勤供应的还有诸匠营和百工衙，负责生产和管理各种军需品。军中还设置了“洋炮馆”和“洋炮官”[①]，专门负责各种进口大炮的维修、保养与调拨。在各地也先后设立了许多维修、仿造外国军火的军工厂。1854 年，驻守镇江的太平军即请了 4 名外国人为其“制巨炮、喷筒，甚精制，能达远”[②]。太平天国后期，江、浙太平军诸王在苏州、太仓、昆山、盛泽、嘉定、青浦、南桥、柘林、湖州、嘉兴等地先后建立了规模不一的军工厂，其中以苏州、昆山、太仓三地规模最大。

1853 年，石达开出镇安庆，通过一系列改革和抚民措施，将安庆变成了太平天国都城天京稳固的后方根据地。石达开于 1854 年离开安庆，他在安庆的这一年多时间里，是否也曾设立制造军火的军工厂，我们目前找不到直接的文字依据，但曾国藩奏稿中有太平军“在安徽曾修造炮船，操习水战”[③] 的说法。安庆作为太平天国屏卫天京的军事重镇和安徽根据地的中心，应是太平军安徽军工厂理所当然的所在地。此外，太平天国自制火炮全国出土很多，而炮身上铸有铸造地址铭文的又以“安省造”火炮最多，曾一次性出土 6 门“安省造”太平天国铁炮。安庆出土的“太平天国辛酉十一年”造铁炮在安庆铸造的可能性极大。因为湘军攻打安庆用的是长期“围困”的办法，于咸丰十年（1860）起就将安庆重重包围，曾国藩在咸丰十一年（1861）四月二十一日的日记中曾这样写道：“接九弟公牍，洋船送米盐接济安庆城贼。费尽移山气力，围困安庆城贼，始令粮尽援绝，今忽有洋船代为接济，九仞功亏，前劳尽弃，可叹可恨，天意茫茫，殊不可知，扼腕久之！”[④] 由此可见，太平天国辛酉十一年时的安庆，在湘军的重重包围之下，已处在几乎“弹尽粮绝”的状态，洋船偶尔“接济”，也只是向太平军出售些“米盐”而已。所以，铭文为“太平天国辛酉十一年”的铁炮，极有可能出自安庆城内的太平天国军工厂。从形制上看，这门铁炮与 1989 年长江路小学出土的几门洋炮十分类似，尾钮上亦有圆环，只是铁质为生铁，表面粗糙，炮壁过厚，不及洋炮精细，应为太平军就地仿造洋炮制成。

第三，以舰载火炮用于陆地战斗，说明了太平军在兵器使用方面的创新精神和太平天国水师的衰落。

---

① 太平天国历史博物馆：《太平天国文书汇编》，中华书局，1979 年。

② 郭存孝：《太平天国火炮研究》，《军事历史研究》，1988 年第 3 期。

③ 曾国藩：《曾国藩全集・奏稿上》，河北人民出版社，2016 年。

④ 曾国藩：《曾国藩全集・日记第 2 卷》，河北人民出版社，2016 年。

太平军是一支农民起义队伍，士兵大多没有经过正规的军事训练，而这又使得他们能够不囿于成规，在战斗实践中不断摸索，形成了自己独特的军事理论和战略战术方法，在武器的使用方面也具有很强的“随意性”和创造性。

从安庆市长江路小学铁炮的出土情况，我们也可以看出，太平军对于火炮的使用方法也具有一定的创新精神。

安庆长江路小学位于安庆市城西之水陆要冲，地势较高，不远处的狮子山正是曾国藩所部湘军的营垒所在，所以太平军在此设重兵驻守。长江路小学出土的5门洋炮，均为舰载式火炮，炮体较轻，尾钮处的圆环用以穿系绳索，起到减缓炮身后坐力的作用。这种炮一般用于水战，却被太平军用在两军对垒的陆地战斗中。对此，曾国藩曾讥笑道：“渠得我之战船洋炮，并不作水战之用。以洋炮搬于岸上扎营”①。但太平天国在安庆以火炮为中心的防御工事一度取得了成功，因为曾讥笑太平军的曾国藩并没有很快突破太平军的防线，只能采取布置重兵围困，迫使城内“弹尽粮绝”的“笨办法”，花了一年多的时间，才最终取得了安庆之役的胜利。

从太平军在安庆把舰载火炮用于陆上营垒防御的情况也可以看出，安庆保卫战时期，太平军水师已趋于衰落，不敌湘军。如清军曾侦察到太平军水营不讲船制的情况：“不分炮船、战船、坐船、辎重船，所有船只皆载贼军，皆载粮糗，皆载器械炮火，凡有船皆战船，凡接仗皆出队。”② 虽说太平军在安庆也曾仿照清军炮船样式建造了一批炮船，但性能较差，再加上“不讲船制”，缺乏懂得驾驶炮船的舵手、水手等原因，使得曾经一度风光的太平军水师最终不敌日益兴盛的湘军水师，失去了水上控制权。而在安庆这样一个依靠长江为最重要天险的军事重镇，失去了水上控制权也就意味着被动和失败。所以，尽管太平军能够灵活机动地使用各种兵器，也没能最终改变安庆保卫战中被动防御的局面。

---

① 曾国藩：《曾国藩全集20》，岳麓书社，2011年。

② 中国史学会：《中国近代史资料丛刊·太平天国·第三册》，神州国光社，1952年。

第二节 劈山炮研究

劈山炮是晚清盛行的一种小型火炮，以伤人为主，主要发射铅制或铁制的散弹，直至民国仍被一些地方武装所使用。本节主要对劈山炮形制及源流进行研究探讨，并结合实物，为安庆博物馆等收藏的清代野战炮正名。

一、劈山炮形制与实物

目前学界对于劈山炮的形制并没有明确的认识，也没有发现或经考证能确定为劈山炮的实物。而这正是研究劈山炮历史源流之前必须解决的问题。通过梳理并综合分析史料中的零散记载，我们可以对劈山炮的形制特点作出判断。

道光二十二年（1842）六月，英国侵略者进犯长江口，四川总督宝兴捐制并拨解 20 门劈山炮运往江宁（今江苏南京），以加强战备。湖广总督裕泰和两江总督耆英先后验看了这批劈山炮，前者称其“与楚省现铸之九节炮大略相仿”①，后者则称其“系佛郎机式样”②。

这批劈山炮最终并未用于对抗英军，因为还未等炮运至江宁，第一次鸦片战争就已经结束，但裕泰和耆英的描述为我们提供了劈山炮形制的相关信息。佛郎机是明代正德年间（1506—1520）从葡萄牙引入的后膛装火炮，为子母铳式回旋炮，每个母铳配有可以轮流装发的子铳，并置有尾柄和 Y 形插销，可以安装在炮架上，灵活地调整方向（图 2.9）。与当时中国普遍使用的旧式铳炮相比，佛郎机具有射程远、射速快、命中率高等特点，因此，一经传入，即被广泛仿制应用（图 2.10）。

而劈山炮为前装式火炮，直到 19 世纪末，左宗棠才首次改制后膛装劈山炮。耆英称“佛郎机式样”，说明劈山炮在形制上与佛郎机有相似之处，很可能也为带尾柄的回旋式炮。而裕泰称“与楚省现铸之九节炮大略相仿”，可能这批劈山炮与九节炮一样，炮管有多道加强箍，这也是早期佛郎机的形制特点。

---

① 中国第一历史档案馆：《鸦片战争档案史料 6》，天津古籍出版社，1992 年。

② 中国第一历史档案馆：《鸦片战争档案史料 7》，天津古籍出版社，1992 年。

图 2.9　里斯本军事博物馆收藏的佛郎机［引自潘吉星《中国火药史（插图珍藏版）》］

图 2.10　首都博物馆藏明嘉靖二十八年（1549）胜字佛郎机
［引自潘吉星《中国火药史（插图珍藏版）》］

湘军水师改建成长江水师后，战船上装备的主要炮种便是劈山炮。《申报》对其形制曾有记载：“其炮皆如短抬枪，所谓劈山炮者是也。炮下各驾一铁叉，可以旋转自如。”① 湘军统帅左宗棠亦曾称劈山炮“式如大抬炮”②。抬炮是晚清

① 《申报》，1894 年 3 月 14 日。
② 左宗棠：《左宗棠全集·书信 1》，岳麓书社，2009 年。

在鸟枪的基础上制造的一种火器，其实就是大型鸟枪，行军时由二至三人扛抬前进，使用时置于三脚架上。

综合上述史料可以得知，从形制上看，劈山炮应是一种带有尾柄和插销的小型回旋式前装火炮。

劈山炮在实战中用于打击大队的敌兵，水战和陆战均可使用，灵活机动，携带方便，尤其适用于野战，亦可用于守营。炮体一般比较轻，小者四五十斤，重者百余斤。在此重量区间内，劈山炮能够在灵活机动和有效伤敌之间维持有机平衡。有清一代，偶然也有使用者为了增强劈山炮的威力，采取增加重量的方法，但均以牺牲灵活机动的特点为代价。乾隆十二年（1747），大金川莎罗奔发动叛乱，四川巡抚纪山铸造了重达三百斤的劈山炮用于平叛，仍然嫌其威力不够，但再想加重，却因移动困难而作罢[①]。同治元年（1862）底，曾国藩在安庆内军械所也曾试制“坐劈山炮”，将劈山炮改制为守营用的重型固定炮。在他的设想下，通过增大体量，劈山炮可以多食群子，更有效伤敌，但最终也“不甚合式”[②]。

湘军的对手太平军在起义早期即使用劈山炮。安庆保卫战时期，太平军也配备了劈山炮，咸丰十一年（1861）六月，曾国荃部湘军攻陷了太平军在安庆城北门外菱湖两岸建造的十八座营垒，在上奏朝廷的奏折中，曾国藩称湘军缴获了“劈山炮、洋枪共八百杆”[③]。

1989年，安庆城西大王庙的长江小学内出土了8门小型铁炮（图2.11、2.12、2.13为其中3门），长度从90～120厘米不等，口径为8～9厘米。炮身中部有箍，箍上有双耳，耳下套接活动的Y形插销；药室上方有火门，炮尾有向下弯曲的扁柄，柄上开二至三个圆孔。这8门小型铁炮的形制与前述史料中所载的劈山炮形制特点完全相符，笔者认为可确定为劈山炮实物。

---

① 《平定金川方略·卷之四》，乾隆五十一年（1786）武英殿刻本。

② 曾国藩：《曾国藩全集·日记第2卷》，河北人民出版社，2016年。

③ 曾国藩：《曾国藩全集3》，岳麓书社，2011年。

图 2.11　安庆博物馆藏劈山炮之一（炮口外径 8 厘米，
内径 5.5 厘米，通长 122.8 厘米，重 32.5 千克）

图 2.12　安庆博物馆藏劈山炮之二（炮口外径 7.7 厘米，
内径 5.7 厘米，通长 95.5 厘米，重 19.5 千克）

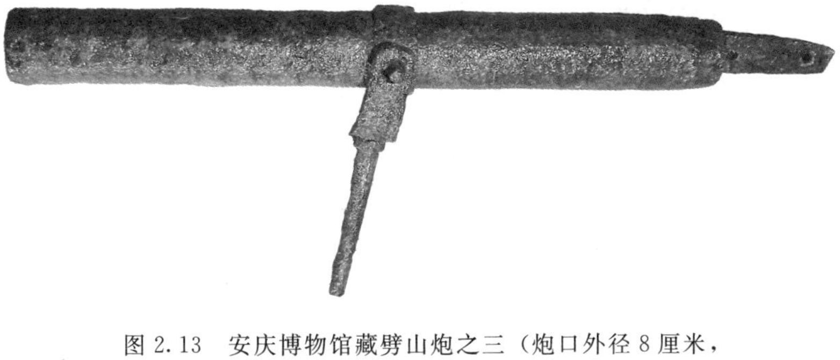

图 2.13　安庆博物馆藏劈山炮之三（炮口外径 8 厘米，
内径 6 厘米，通长 94.7 厘米，重 19.5 千克）

与 8 门劈山炮同时出土的还有 8 门加农炮（其中 5 门为英制舰载火炮）。出土时，所有铁炮分三层摆放整齐，深埋地下。太平天国安庆保卫战时期，安庆太平军曾在城西大王庙一带扎有营垒。可以推测，这些铁炮应为太平军兵败撤退时掩埋。

鸦片战争博物馆也藏有多门类似的小型铁炮，带尾柄和插销，插销有的和安庆出土铁炮同样为活动的 Y 形，有的呈圆柱形接铸于炮体下方并配有三脚炮架，同样旋转自如。笔者认为，这些均属不同样式的劈山炮（图 2.14、2.15）。

图 2.14 鸦片战争博物馆藏竹节炮（长 84.5 厘米，内膛径 4.1 厘米，引自鸦片战争博物馆网站）

图 2.15 鸦片战争博物馆藏鸡脚架竹节炮（长 96 厘米，内膛径 4.5 厘米，引自鸦片战争博物馆网站）

二、劈山炮起源于明代百子铳

劈山炮源于明代百子铳。百子铳又名百子炮，因发射散弹，可吞“百子”而得名。当然，所谓“百子”为虚指，根据炮体和炮弹大小不同，百子铳可装填十数枚至百余枚散弹。早期的百子铳无插销和炮架，发射时用石块、土块等垫高炮首，也可放在炮车上施放。旧式百子铳除了难以调整射击角度外，后坐力也极大。戚继光在《纪效新书（十四卷本）》中指出："近时有所谓毒虎炮者、百子炮者，固亦利器，俱体轻易跃，每发必退回二三十步之后。"[①]《纪效新书（十四卷本）》成书于万历十二年（1584），说明百子铳约出现于万历年间。

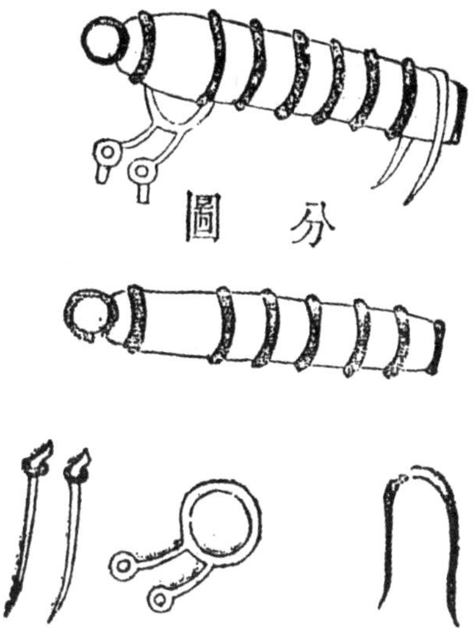

图 2.16　虎蹲炮［引自戚继光《纪效新书（十四卷本）》］

戚继光对百子铳进行了改进，创制了名为虎蹲炮的轻型火炮（图 2.16），因形似蹲坐的老虎而得名。该炮"器内吞百子，每子亦五钱，子再小则口大出散无力。上用大石子一，或铅子一，约重三十两"[②]。戚继光还创作了《虎蹲炮铭》，铭辞中介绍了发射方法："于是开地作渠，后深前盈。棰加后足，尾与地平。前爪两蹶，斜要里行。"[③] 也就是说，使用时在地面挖一道沟渠，炮尾置于沟中，炮身斜架在沟沿上，首尾各用两根铁爪和铁绊固定，以缓解后坐力。在《纪效新书·舟师篇》中，戚继光同时指出："百子铳制，即虎蹲炮也。备在陆兵《手足篇》内。预将船上面女墙下厚木檩上，凿前后足各二孔，照足宽狭，下足入内，将铳安平，高下任意。"[④] 说明虎蹲炮用于水师则称百子铳，水师使用时，在船檩上前后各凿二孔，用于固定前后铁爪。

万历三十四年（1606）成书的何汝宾的《兵录》中很多内容转引自《纪效新书》，但却将虎蹲炮与百子铳区别开来，其中虎蹲炮图式和说明仍与《纪效新书》相同，而百子铳却演变为类似佛郎机的样式（图 2.17），炮管细长，有多道加强箍，药室部分膨大，有准星、照门和较长的尾柄，炮身中部下方有插销，可以安装在中间有孔的长凳形炮架上。何汝宾指出："百子铳放时执尾牵挽，望准照星

---

① 戚继光：《纪效新书（十四卷本）》，中华书局，2001 年。
② 戚继光：《纪效新书（十四卷本）》，中华书局，2001 年。
③ 戚继光：《止止堂集》，中华书局，2001 年。
④ 戚继光：《纪效新书（十四卷本）》，中华书局，2001 年。

于稠人处打之，百发百中，此舟师第一利器也，守城亦宜用之。”① 图中炮架主要用于陆战，用于水师时，应与佛郎机的使用方法类似，即在船舷上凿一孔，将下方的插销直接安装于船舷上使用。中国人民革命军事博物馆收藏的一门明代长管竹节火炮，带 Y 形插销和尾銎，通长 191 厘米，内口径 5 厘米，外口径 10 厘米，形制与《兵录》中所绘百子铳图高度相似，该馆研究人员认为可能为百子铳实物②。

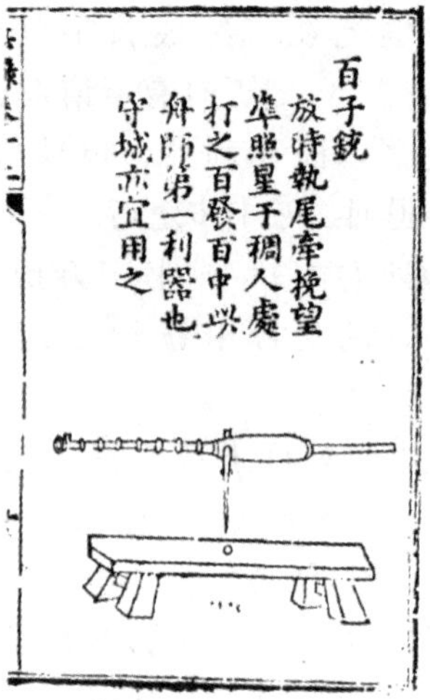

图 2.17　百子铳
（引自何汝宾《兵录》）

成书于崇祯十一年（1638）的《皇明经世文编》对百子铳形制的描述也与《兵录》类似：“闻辽东有百子铳，其制铁，筒长三尺，围一尺五十，径五寸，有柄，载以木架，夹持之，俾不动。然木架有机，欲东则东，欲西则西，欲仰则仰，欲俯则俯，铳盛铅子二三百，射打数百步，遇五寸木板及甲胄径过，拨其机或东或西或仰或俯，随时向虏放去，一铳可毙贼马数十。”③

《兵录》等晚明文献中记载的佛郎机式百子铳形制与清代文献中记载的劈山炮如出一辙，《兵录》所绘百子铳药室部分膨大为的是防止炸膛。后随着冶铁技术的提高，尤其是熟铁的使用，无需再加粗炮膛部分。综合上述史料可以推断，百子铳原为旧式无插销和炮架的行营炮，是在手铳基础上发展起来的小型火炮，后经戚继光改制为前后各二足的炮式，并更名虎蹲炮；明晚期吸收了佛郎机的形制特点，又将百子铳改制为带尾柄和插销的回旋炮式样，最先在战船上使用，后也用于陆战。清代以后，将这种佛郎机式百子铳更名为劈山炮。

明末百子铳多设有准星和照门，而中国人民革命军事博物馆收藏的长管竹节火炮、安庆博物馆和鸦片战争博物馆收藏的劈山炮均未见。推测由于百子铳及劈山炮采用散弹发射，以射杀密集敌兵为目的，并非针对特定的单一目标，对瞄准

① 何汝宾：《兵录·卷之十二》，明崇祯刻本。
② 王全福：《军事博物馆藏明代火器》，《文物春秋》，2018 年第 5 期。
③ 陈子龙：《皇明经世文编·卷四七一·余太宰疏稿一》，明崇祯平露堂刻本。

的要求不高，故而常常省略瞄准装置。

明清时期，火器的命名存在着较为混乱的现象，明代的威远炮、虎蹲炮等，其实都是旧式的百子铳型小型铁炮。清代以后，除了将佛郎机式百子铳更名为劈山炮外，也继续沿用威远炮、虎蹲炮等旧炮式。清代史料中出现的百子炮名称，有时指虎蹲炮等旧式百子铳，有时则指佛郎机式百子铳，即劈山炮。例如，成书于康熙元年（1662）的顾炎武的《天下郡国利病书》记载："百子铳状如鸟铳，而干短口宽，中容百弹药，然齐发漫空，分中远出四五里。"① 此处百子铳显然指的就是佛郎机式百子铳。而乾隆十四年（1749）九月《清实录》所载："上下两江提标所属镇协营现存百子炮二千四百十四位，除堂口稍小者一千九百二十四位，留为兵丁演习之用，其不堪用者四百九十位，俱应销镕，改造劈山炮一百四十四位，以补子母炮不敷之数。"② 其中百子炮指的则为旧式百子铳。

三、清代劈山炮的发展演变

史料中劈山炮名称最早见于清康熙年间，据《清实录》记载，康熙十四年（1675）三月，清军在平定靖南王耿精忠叛乱的战斗中，"用辟山炮、鸟枪，翼以弓矢"③。此处"辟山炮"应该就是劈山炮。

劈山炮在康熙年间并没有广泛使用，史料中也没有更多的相关记载。当时最为盛行的轻型火炮为子母炮，由火器专家戴梓发明，实质也是一种模仿佛郎机的轻型后膛铁炮，可以发射开花炮弹，"坠而碎裂，如西洋炸炮"④。康熙帝亲征噶尔丹时，用此炮破敌，因此，子母炮声名大振，成为当时最受推崇的轻型火炮。

子母炮和佛郎机一样，由一门母炮和若干子炮组成，战前预先在子炮中装入弹药，战时可轮流放入母炮炮膛中发射。故宫博物院收藏的一门子母炮，全长182 厘米，口径 32 厘米，配有准星和照门，以及用于固定子炮的炮闩，子炮上还配有用于提放的铁环。子炮装入母炮后，固定子炮的炮闩必须稳固，子炮炮口必须与母炮炮膛完全吻合，以防止火药气体泄漏，才能正常使用。值得一提的是，子母炮也有一种曲柄的样式（图 2.18）。

与传统中国铳炮相比，子母炮的结构相对复杂，对铸造工艺的要求也更高，

---

① 顾炎武：《天下郡国利病书·第六册》，稿本。

② 《清实录·卷三四九》，乾隆十四年（1749）九月。

③ 《中华大典》编纂委员会：《中华大典·经济典·户口分典·户口数量总部》，巴蜀书社，2017 年。

④ 清史编纂委员会：《清史》，（台北）"国防研究院"，1961 年。

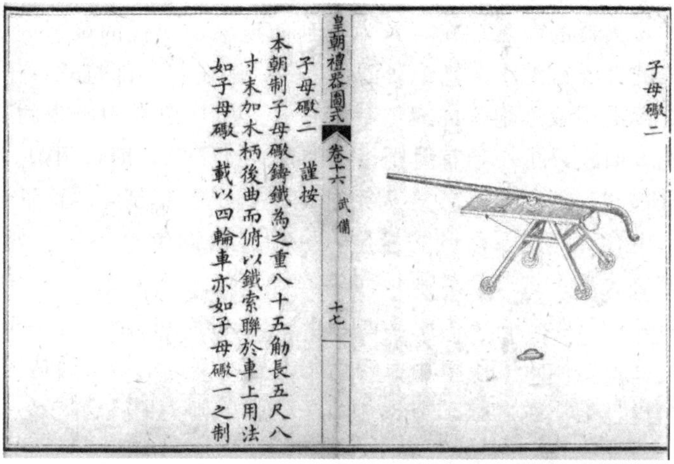

图 2.18 子母炮（引自清彭元瑞等编《皇朝礼器图式》）

而且随着使用次数的增多，炮闩的稳定性以及子炮炮口与母炮炮膛的吻合度都会发生变化，需要时常加以维护修整。而劈山炮不仅和子母炮同样具有灵活机动、后坐力小等优点，和子母炮相比，铸造工艺更简单，后期维护成本更小，也更易于携带。因此，自雍正年间起，各地渐渐出现以劈山炮代替子母炮及其他旧式行营炮的倡议。

例如，雍正十年（1732）十一月，署宁远大将军查郎阿命人在内地试制了“有架子小劈山炮一位，无架子者一位”[①]（无架子劈山炮可直接插于船舷上使用），并奏请朝廷在西安铸造一百门劈山炮解送到营。他在奏折中指出，营中旧有铁炮中，子母炮“受药少”，射程只有一里多；另一种名为威远炮的旧式行营炮后坐力太大，发射时常常打伤本营兵丁，而劈山炮“受药既多，火力最远，大者可击八九里，小者亦可击六七里，药力既劲，铅弹散开横击亦广”，“且炮身长稳，可无倒踅伤人之虞”[②]。

乾隆四十六年（1781）闰五月二十五日，在甘肃镇压回民起义的大学士阿

① 中国第一历史档案馆：《雍正朝汉文朱批奏折汇编・十年七月二十四日至十一年二月十九日》，江苏古籍出版社，1991 年。

② 中国第一历史档案馆：《雍正朝汉文朱批奏折汇编・十年七月二十四日至十一年二月十九日》，江苏古籍出版社，1991 年。

桂、署陕甘总督李侍尧奏称："兰州旧存子母炮仅与鸟枪无异，施放不能及远。又威远炮八尊，子重十六两至二十两，轰击稍远，而施放时易于跳动，又无准头。俱不甚得力。现已照四川劈山炮式样制成二十尊，轰打贼营甚为便捷得力。"[①]

乾隆四十八年（1783）四月，山东巡抚明兴上奏称："兖州镇属十四协营，现在操演炮位，惟劈山炮最为得力。请将年久锈坏之佛郎机二十六位改铸劈山炮。"[②]

但是直到鸦片战争开始，劈山炮仍未在清军中广泛装备，多用于边防守军，直至 19 世纪 50 年代，在镇压太平天国运动的过程中，才由于湘军的推崇而盛行。

湘军使用劈山炮始于左宗棠。咸丰三年（1853），曾因防守太平军不力而被革职的骆秉章复任湖南巡抚，在长沙助曾国藩编练湘军。次年，骆秉章招左宗棠入幕，大小政事皆仰仗其办理。左宗棠在长沙铸造劈山炮，主要供湘军使用。最初铸造的劈山炮多用于水师，左宗棠称这些劈山炮"式如大抬炮，而身只五尺，能吃半斤子，半斤群子，可致远四五里"，"每三板拟左右列二尊安于船舷，可俯可仰，可前可后。如贼以小船环绕，则此物击之便"[③]。

湘军将领杨虎臣、刘腾鸿相继在野战中使用了左宗棠制造的劈山炮，此后该炮渐渐开始在湘军中盛行。曾国藩尤其推崇劈山炮，称其为"陆军第一利器，若食群子至五十颗以外，实可无坚不摧"[④]，他曾将洋枪比作"诗赋杂艺"，而将劈山炮等旧式武器比作应视为根本的"经书八股"[⑤]，在军中大量制造并推广使用长短各式劈山炮。

劈山炮发射的散弹又称"群子"。亦可与"封门大子"同时使用，即在炮膛中先后装入火药和群子后，再装入一颗直径与炮口内径相仿的大炮弹。这颗封门炮弹除了以伤敌为目的外，主要是为了封闭炮口以防止火药气体逸出，从而达到更远的发射距离。

当时的大中型炮仍为红夷炮型，主要发射用于攻坚的大炮弹，虽然也和劈山

① 阿桂：《钦定兰州纪略·卷十》，宁夏人民出版社，1988 年。

② 《清实录·卷一一七八》，乾隆四十八年（1783）。

③ 左宗棠：《左宗棠全集·书信 1》，岳麓书社，2009 年。

④ 曾国藩：《曾国藩全集·家书下》，河北人民出版社，2016 年。

⑤ 曾国藩：《曾国藩全集·家书下》，河北人民出版社，2016 年。

炮一样，可以同时使用封门大子和群子。但大炮的群子“只可以防至近之大队”[①]，“可以命中而难以及远”；封门大子则“可以及远而难以命中”[②]，且封门大子在飞行过程中会发出很大的声响，容易被敌人发现并躲避，再加上其弹道呈抛物线型，只能由上方下落，不能横穿目标，也很难达到伤敌的目的。

因此，曾国藩曾多次对湘军将士中存在的好用大炮的风气提出批评，认为他们只是“徒慕大炮之名”，“喜其响之震，烟之浓而已”，其实大炮不仅耗费更多火药，不够灵动，而且“大子实不伤人也”[③]。他多次致信给江宁城下的曾国荃，劝其少用大炮，亦曾表示“不愿再解大炮”[④]。

曾国藩认为，劈山炮无论用于野战还是守垒，都堪称利器。他驻守安庆期间，安庆内军械所所属枪炮局生产的产品即以劈山炮为最多。他还曾对劈山炮的发射方式和群子的铸造等进行改进。

劈山炮原先主要采取同时使用封门大子和群子的发射方式，但封门大子的铸造要求较高，大小一定要与炮膛恰好相合，太松达不到闭气的目的，太紧则容易卡在炮膛内，引起炸膛。因此，曾国藩要求湘军将士以稻草球代替封门子，塞紧炮口，达到闭气目的。他让曾国荃教导湘军士兵，“劈山炮食满群子之后，须用稻草球子封之，并须用搠杖多杵几下，将草球紧紧贴子，子紧紧贴药，药紧紧贴膛，则群子之所及，又远又宽矣”[⑤]。

湘军最初以生铁铸造劈山炮群子，杂质较多，质地松散，发射时在火药气体的高压下容易破碎，也因蜂眼较多而不能及远。曾国藩先是改用韧性好、容易锻打成形的熟铁打造群子，将熟铁制成铁条，烧红后截成半寸大小，再打成圆形。到江西后，又改用铁模铸造熟铁群子，制成的群子更加圆滑，从而使劈山炮的射程增加了一里多远。小型劈山炮可装填一百余颗群子，大型劈山炮可同时装填三四百颗，发射时“喷薄而出，如珠如雨，殆无隙地”[⑥]。

咸丰九年（1859），曾国藩在湘军各营所设营官亲兵队中，增设两个劈山炮队，每队十二人，另配三名专门负责扛抬劈山炮的长夫。淮军初成立时，也曾仿照湘军营制设劈山炮队，到上海后不久，才渐渐改用洋枪洋炮，劈山炮队亦改为

---

① 曾国荃：《曾国荃集 5》，岳麓书社，2008 年。
② 曾国藩：《曾国藩全集·家书下》，河北人民出版社，2016 年。
③ 曾国藩：《曾国藩全集·家书下》，河北人民出版社，2016 年。
④ 曾国藩：《曾国藩全集·家书下》，河北人民出版社，2016 年。
⑤ 曾国藩：《曾国藩全集·家书下》，河北人民出版社，2016 年。
⑥ 曾国藩：《曾国藩全集·文集上》，河北人民出版社，2016 年。

开花炮队。

同治十年（1871），左宗棠在兰州制造局将劈山炮改制为铜制后膛，可以发射开花炮弹；又将炮架改为鸡脚式，不仅更加便捷，也增强了劈山炮的威力。这种新式劈山炮的射程“远于洋枪三之一”[①]，既可以使用群子，也可以使用开花炮弹，左宗棠得意地称其“犹胜于洋枪”[②]。

虽然由于曾国藩、左宗棠等人的推崇，劈山炮盛行于晚清湘、淮军之中，但在当时的洋务派官员中，崇尚洋枪洋炮仍是主流。西方列强乘机将劣质或淘汰的旧式枪炮高价售卖到中国，以曾国藩、李鸿章、左宗棠为代表的洋务派官僚则纷纷设厂仿制洋枪洋炮。同时，主张应以抬枪、劈山炮等旧式武器取代洋枪洋炮的声音也不时出现。光绪十年（1884）五月，署湖广总督的洋务派官员卞宝第认为劈山炮“开放力猛，子多可毙百余人，以视洋枪为加甚矣”[③]，向清廷提出推广使用抬炮、劈山炮等中国旧式枪炮的主张，得到了清廷的首肯。同年，他在武汉开始准备创设湖北机器局，计划大量制造由铜帽（即自来火）点火的抬炮、劈山炮等旧式火炮。署湖南巡抚庞际云等相继仿效。甲午战争失败后，引发了更多对购用洋枪洋炮的怀疑态度。光绪二十一年（1895）八月，两江总督刘坤一上奏清廷，提出购自外洋的火炮除了克虏伯和克鲁森两种外，“其余不及中国后膛劈山炮和后膛抬炮之利”，并奏请宽筹经费，在江南制造总局推广自制各种后膛枪炮和火药，同时“专设一局，制造后膛劈山炮和后膛抬炮”[④]。

八国联军侵华期间，由于无法再从外洋购买武器，光绪二十六年（1900）六月二十八日，清廷谕令各地制造旧式武器，“迅即设局招徕匠艺，广为制造”[⑤]。七月，翰林院编修赵炳麟也提出：“我国之抬枪、劈山炮，子多而能击远，体轻而便行营，虽发响稍缓，然能多给各军，以后队继前队，蝉联不绝，定能制胜；且子药皆我能自造，不致受制于人。”并建议朝廷谕示全国工匠，重金访求能精制传统火器者。

因此，洋务运动兴起后，虽然购买和仿制洋枪洋炮以武装军队成为清廷的主

---

① 左宗棠：《左宗棠全集·书信2》，岳麓书社，2009年。

② 左宗棠：《左宗棠全集·书信2》，岳麓书社，2009年。

③ 顾廷龙、戴逸：《李鸿章全集10·奏议十》，安徽教育出版社，2008年。

④ 《中国近代兵器工业档案史料》编委会：《中国近代兵器工业档案史料（一）》，兵器工业出版社，1993年。

⑤ 中国第一历史档案馆：《光绪朝上谕档（第26册）》，广西师范大学出版社，2008年。

要目的，但劈山炮作为旧式轻型火炮的代表仍继续使用。

综上所述，劈山炮约出现于明万历年间，直至民国仍继续使用。明代称其为百子铳或百子炮，最初无插销和固定装置，因此后坐力较大，后经戚继光改制为前后各由二爪固定的式样，更名虎蹲炮。明末吸收佛郎机形制特点，又将百子炮改制为佛郎机式样，增加插销、尾柄和木制炮架。清初改称佛郎机式百子炮为劈山炮，经湘、淮军的推广使用而日渐盛行，成为旧式轻型火炮的代表。洋务运动兴起后，曾改制后膛装劈山炮，并使用铜帽点火发射。笔者认为，安庆博物馆、鸦片战争博物馆收藏的带尾柄的回旋式小型铁炮，均为劈山炮实物。

第三节　安徽抚署旧址出土的巨炮

2007 年 7 月 20 日，一位拾荒人在安庆市东围墙街皖宁开发公司的建筑工地上“寻宝”，偶然间发现一块露出土面的锈迹斑斑的铁疙瘩，于是兴奋地挖掘，但这块“宝藏”体形的庞大不断超越着他的想象，最终呈现出巨大的管状的形态。闻讯而来的安庆博物馆专家一眼就认出，这是一门清代的后膛铁炮（图 2.19）。经测量，铁炮重约 3 吨，长约 3 米，炮口口径 16 厘米，尾膛口径 20 厘米，炮尾直径达 57 厘米，膛壁较厚，炮管内有 15 道为保证炮弹发射精准而设的膛线。安庆博物馆动用了起重机，将其运至黄镇生平事迹陈列馆后院安放。

图 2.19　清代重型巨炮

安庆东围墙街、西围墙街及后围墙街之间的区域，清代时属于安徽抚署范围，民国时，这里改建为安徽省长公署，新中国成立后是中共安庆市委机关所在地。

这门重型巨炮为什么会出现在清代安徽抚署衙门里呢？为何人在何处所铸？又因何而被深埋地下？

一、英翰铸炮

后膛炮是从炮管后方填装炮弹或火药的火炮，较之前膛炮威力大增，射程更远，且使用更快捷，出现于19世纪三四十年代的欧洲，是铸炮史上的一大进步。安庆自古即军事重镇，战事频仍，尤其是清代，太平天国军队和清军曾在此长期激战，因此安庆地域内出土过大量清代火炮，但均为前装式火炮，这门铁炮是在安庆市出土的唯一一尊后膛炮。

关于安徽抚署内这门重炮的来历，《申报》为我们提供了线索，据1884年8月9日《申报》记载，安徽巡抚英翰曾铸成大炮五尊，在“皖垣抚署箭道之右”①建屋安放，这些大炮重约数千斤，可装填火药十余斤，时人称其为“统帅炮”。

英翰，号西林，萨尔图氏，满洲正红旗人，1854年起即在安徽任职，历任知县、同知、知府、安徽巡抚等，1874年调任两广总督，1876年病故于乌鲁木齐都统任上，死后赠太子太保，谥果敏。现安庆沿江东路上的熊范二烈士专祠，前身就是晚清为纪念英翰而建的英果敏公祠。

《申报》所记载的安徽抚署内的“统帅炮”与东围墙出土的大炮形制一致。这种重型大炮射程较远，多用于平原地带或江海防御，而安庆境内多山，因此“统帅炮”应为江防所用。

二、仿制德炮

这门铁炮的重型后膛装、横楔式炮闩孔、炮管内膛线等是当时德国克虏伯炮的典型特征。后膛炮传入中国始于19世纪70年代。自1871年德国在普法战争中取得胜利后，以李鸿章为首的洋务派认为，德国之所以能击败曾让清政府颜面尽失的法兰西帝国，主要依赖其出类拔萃的制炮技术。同年，李鸿章从德国一次性购买了328门克虏伯后膛钢炮，用于装备淮军和海防炮台。1874年，他在奏

---

① 《申报》，1884年8月9日。所谓箭道，即当时官兵练箭之处。

折中对克虏伯炮大加赞赏，“查炮位一项，德国全用后膛，英国全用前膛，俄、法则小炮多后膛，大炮多前膛，美国仍用老式滑膛，其中著名厂商，德曰克鹿卜，专造后膛全钢之炮”[①]，此后，他在致醇亲王的信中，又盛赞克虏伯四磅钢炮“可以命中致远，质坚体轻，用马拖拉，行走如飞”[②]。自此以后，克虏伯炮成为清军装备的主要炮式，一度成为清军海防的代名词。

克虏伯炮传入中国以后，各地督抚纷纷赴上海、香港等地购办，同时，从19世纪70年代起，各地兵工厂也纷纷对其进行仿制，如江南制造总局、上海机器局、兰州制造局等都曾仿造过克虏伯炮，安庆抚署内的这门后膛重炮即为英翰仿制的克虏伯式后膛炮。由于德国克虏伯公司不愿提供铸炮方法，再加上其原材料为钨合金钢，中国无法制造或购买，因此在其传入之初相当长的一段时间里，无法形成规模化的仿制，各地零星仿制的大炮即使外形酷似，也无法达到其“质坚体轻”的标准，只能通过加厚炮壁的方法来防止炮膛炸裂。

英翰于1866至1874年间担任安徽巡抚，因此，这门大炮应制造于1871至1874年间。

英翰曾长期参加镇压太平军和捻军的战斗，并十分重视江防建设，据民国《怀宁县志》载，英翰升任安徽巡抚伊始，即“布置各处河防”[③]。1874年底，刚刚调任两广总督不久的英翰与新任安徽巡抚裕禄共同上奏朝廷，提出国防建设的重点在于江防，“长江地亘五省，而皖鄂为居中门户。……合上下游之力以固长江，则财力易集；合长江之力以防海口，则事机易赴”[④]。

由此看来，英翰所铸五门重炮，即出于加强江防考虑，只是还没来得及将其用于江岸布防，他本人则于1874年调任两广总督。

据1875年12月28日《申报》载，在英翰担任安徽巡抚期间，候选知府唐某曾“在上海采办军装”，但“经皖抚英宫保饬令毋庸采办”[⑤]，唐某最后只得将军火退订。英翰饬令“毋庸采办”军火，可能与其自制军火、成功仿制克虏伯炮有关。

---

① 顾廷龙、戴逸：《李鸿章全集8·奏议八》，安徽教育出版社，2008年。

② 顾廷龙、戴逸：《李鸿章全集32·信函四》，安徽教育出版社，2008年。

③ 朱之英：《怀宁县志·卷十四》，江苏古籍出版社，1998年。

④ 中国史学会：《中国近代史资料丛刊·洋务运动·第一册》，上海人民出版社，1961年。

⑤ 《申报》，1875年12月28日。

三、驻防江岸

英翰调任两广总督以后，这五尊巨炮在安徽抚署箭道旁的炮房里静静地摆放了十年。

1884 年，中法战争爆发，为了防止法军的入侵，清廷开始加强长江防务，在安徽沿江五里庙、拦江矶、东西梁山等处新建了多处明暗炮台。安徽抚署内的江防炮至此终于派上了用场。据《申报》记载，1884 年 8 月，安徽巡抚裕禄将五门“统帅炮”中的两门移置新建的东门外五里庙炮台。大炮搬运那天，惊动了整座安庆城，因为几千斤重的大炮搬运起来实属不易，据报载，夫役们抬放铁炮时的号子声几里以外的地方都能听见[①]。

铁炮从抚署搬至东门外炮台后不久，裕禄即因丁艰离任。9 月，新任护理巡抚卢士杰（号艺圃）命令在五里庙炮台演放大炮。演放前，为了安全起见，卢士杰命令在沙帽洲至新洲江口的江面上利用舢板炮禁止来往船只通行，同时由将士率领地保在江对岸实行限行，横二十里、纵五里的区域内禁止人行。两门大炮共演放了三次，每次都成功打至二十里远。

甲午战争爆发前，日本以重兵入侵朝鲜，并扬言将进犯长江。1894 年 7 月，两江总督刘坤一致信安徽布政使德寿，令其加强戒备。在信中，刘坤一提到，安徽省存有“四磅克鹿卜后膛熟铁炮四尊，六磅一尊，皆系旧储”[②]。信中所述与前文《申报》记载的五门“统帅炮”正好相符。

四、抚辕午炮

铁炮出土于今安庆市东围墙街南端，此地位于安徽抚署旧址东南部的东辕门附近。为什么这门巨炮会埋在东辕门附近的地下？

1908 年，新成立不久的安庆新军从法国购置了快炮等新式武器，安徽巡抚冯煦命令制造厂将一些“不堪应用”的旧炮熔化后改制为农器[③]，而这门“统帅炮”或许当时已作为礼炮使用才逃过此劫。

另据史料记载，晚清至民国初年，安庆城内曾利用造币厂机器的放汽声作为报时之用。1920 年，有人建议在黄甲山的高地上建大钟亭专门用于报时，但民

---

① 《申报》，1884 年 8 月 9 日。

② 刘坤一：《刘坤一集 · 第 4 册》，岳麓书社，2018 年。

③ 《申报》，1908 年 3 月 22 日。

国安徽省政府认为此项花费太大，决定实行午炮制，在“省公署头门外”以炮声报时①。

可以推想，这最后一门“统帅炮”之所以从箭道旁的炮房挪至东辕门附近，有可能晚清时曾作为礼炮使用，民国时又有可能作为报时所用之午炮。无意之间，该炮见证了 19 世纪末至 20 世纪初的安庆历史。

1937 年 11 月，日军在攻打南京期间，曾先后出动数百架飞机轰炸安庆及周边县城，民国安徽省长公署除了大门头残存以外（图 2.20），主建筑几乎被夷为平地，统帅炮或许在此期间被埋入地下，铁炮出土地的土层中有很多碎砖及瓦砾，可为佐证。当然，也不排除民国安徽省政府在迁往六安前故意将铁炮就地深埋，以避免其为日军利用的可能性。

图 2.20　清代安徽巡抚衙门、民国安徽省政府大门（摄于 20 世纪 50 年代）

① 《申报》，1920 年 6 月 22 日。

第三章 曾国藩与安庆

第一节 不识程学启

晚清名臣曾国藩（图 3.1）以有识人之明而名天下，他辨别人才的方式可称奇特，“每对客，注视移时不语，见者悚然，退则记其优劣，无或爽者”①。时至今日，论及慧眼识人、知人善任者，往往也绕不开曾国藩。

图 3.1 曾国藩

但同治元年（1862）三月，在安庆这座代表着曾氏兄弟军事生涯重要转折点的城市，曾国藩却与百年难遇的将才程学启擦肩而过，在自己的识人业绩薄上书写了最为浓重的败笔。事后他曾两度试图挽回，但终究未能成功。

程学启（1829—1864），字方忠，桐城人（图 3.2）。太平天国攻陷桐城后，英王陈玉成赏识他的勇略，派他协助叶芸来驻守安庆城。咸丰十一年（1861），曾国荃在久围安庆不下的情况下，暗中派人进城劝降程学启，后由于消息泄漏，程学启乘夜率三百余人投降湘军。

① 赵尔巽等：《清史稿・13 卷》，吉林人民出版社，1998 年。

图 3.2 程学启

咸丰十一年七月，湘军攻破了太平天国在安庆城外修筑的大部分据点和东门外月城，只有北门外集贤关三座石垒久攻不下。程学启临危受命，率士兵从炮眼跃入垒中，为湘军攻破了太平天国最坚固的城外据点，在安庆之役中立下了头功。

安庆之役后，程学启因功擢至游击将军，赏戴花翎。不久，他又跟随曾国荃在攻克无为、铜陵等城池的战斗中立下战功，被擢升为参将。

曾国藩“生平好用忠实者流”[①]，在他的用人理念中，忠诚是十分重要的考量标准。虽然程学启初投湘军即展现了卓越的军事才能，但降将的身份使得他不可避免地受到曾氏兄弟的猜忌。曾国荃以长濠包围安庆，曾将程学启营置于濠外，并在濠内以火炮炮口相对。对于程学启投降后提供的太平军方面相关情报，曾国藩也曾写信提醒曾国荃：“程学启探，不可尽信。”[②]

湘军攻克安庆后，苏、沪官绅多次来安庆请师，由于曾国荃正准备围攻太平天国都城天京，不愿东下，曾国藩于是派李鸿章组建淮军，东援苏、沪。李鸿章向曾国藩商借程学启，曾国藩不顾曾国荃反对，欣然应允。

曾国藩同意将程学启营调拨至淮军，与不喜改换门庭者必然有一定的关系，同时也说明喜好相人之术的曾国藩并没有在程学启身上看到其有过人之处。

同治元年（1862）三月初七日，程学启带领开字营一千三百人乘坐外商轮船自安庆启程，先行开赴上海。

程学启到上海后，成为李鸿章最得力的战将，两年间力克青浦、太仓、昆山、苏州、嘉兴等十余座城池。他骁勇善战，在战斗中能够身先士卒，经常亲自点燃火炮；在四江口战役中，他胸部两次中弹，仍然裹好伤口继续作战。李鸿章

① 曾国藩：《曾国藩全集 14》，岳麓书社，2011 年。
② 曾国藩：《曾国藩全集 20》，岳麓书社，2011 年。

屡次上奏朝廷为其请赏，清廷先后论功实授其“勃勇巴图鲁”称号，实授江西南赣镇总兵，以提督记名，予一品封典。

同治三年（1864）二月十八日，在攻打嘉兴城时，程学启率先登城，不幸左额中弹，于三月初十日不治身亡。清廷追赠其为太子太保，谥号“忠烈”，并于安庆、苏州、嘉兴三地建立专祠，专祠楹联由桐城硕儒吴汝纶为李鸿章代拟：“坚城垂拔，壮士先摧，当时若失左右手；百战论功，一言决策，如公可谓文武才。”[①]

程学启不仅作战勇猛，而且足智多谋，经常以少击众，治军亦有纪律，是一位难得的军事人才。李鸿章曾在致友人的信札中写道：“自得吾友方忠，与论兵事，辄有进益。”[②] 直至程学启去世三十多年后，李鸿章在遭遇甲午海战的惨败时，仍然叹息说：“程方忠若在，岂至是乎！”[③]

程学启在东南屡立战功的表现令曾国藩后悔不迭，同治二年（1863）五月，他在一封给左宗棠的信中表达了悔意：“近年所见诸将，惟程镇学启谋勇俱优，去年拨赴上海时，舍沅弟坚不肯放，兄弟力争数日，强之东行。厥后程镇屡立奇功，舍弟虽深幸少荃振起一隅，有益全局，而亦未尝不私怨阿兄，坐令彼得一人而强，此失一人而弱。”“今之碌碌隶敝部者，庸则有之，尚则未也。”[④] 同时，他也因此对弟弟曾国荃怀有愧疚之意，程学启伤重而亡后不久，他致信曾国荃：“余年来愧对老弟之事，惟拨去程学启一名将，有损于阿弟。然有损于家，有益于国，弟不必过郁，兄亦不必过悔。”[⑤]

为了挽回自己的失误，曾国藩曾经两度试图调回程学启。

同治元年（1862）八月，李鸿章以程学启为精锐，率领淮军连下数城后，又攻下了青浦。而彼时曾国荃不听其兄劝阻，未等援军到达，即孤军深入天京城下，被赶来救援的太平天国李秀成部包围，形势十分危急。

情急之下，远在安庆城的曾国藩四处调兵试图救援，但他最想调来的还是程学启的开字营。在他看来，程学启营原先是以商借的名义调拨淮军的，而李鸿章又是自己大力保举的门生，飞调程学启不会存在任何问题。他希望能弥补自己

① 白启寰：《安徽名胜楹联辑注大全》，安庆市楹联协会、无为县楹联协会，1997 年。
② 顾廷龙、戴逸：《李鸿章全集 29・信函一》，安徽教育出版社，2008 年。
③ 马其昶：《桐城耆旧传》，黄山书社，1990 年。
④ 曾国藩：《曾国藩全集 26》，岳麓书社，2011 年。
⑤ 曾国藩：《曾国藩全集 21》，岳麓书社，2011 年。

“轻易放人”的错误，让曾国荃能够早日克复天京，夺得镇压太平天国的首功。因此他向曾国荃许诺：“程学启一军，吾必调之至金陵助守。他事或办不到，此事必办得到。”[①]

为了能成功调回程学启，曾国藩废尽了心机。同治元年（1862）八月至九月，他不断写信催促李鸿章派程学启回援江宁，要求李鸿章弃守青浦，“派程学启带其全军雇坐火轮船即至金陵大胜关登岸”[②]，“无论上海攻剿如何吃紧，均须即速遣发前来”。为了进一步对李鸿章施加压力，他于九月初七日派自己最亲信的幕僚赵烈文起程赴上海，当面向李鸿章传达飞调程学启的口信，又于九月十二日写信给自己的儿女亲家及挚交好友，时任苏松粮道的郭嵩焘，请他帮助催促李鸿章派程学启西行。

李鸿章在苏沪战场上能够依赖的将领主要是程学启，自然不肯放他西去。因此，他以程学启已经应英法等国要求，赴黄渡驻守，正在与太平军激战为由，拒绝了曾国藩的要求，仅答应派常胜军统领白齐文支援江宁。

曾国藩大为不满，久久不能释怀，心中亦不免迁怒于程学启。他在奏呈朝廷的《安徽江西两省同治元年武职总兵密考清单》中，对程学启作出了“性颇好利，又涉矜骄”[③] 的评语。

从曾国藩的好友郭嵩焘的两篇日记中即可看出，这样的评语是失于偏颇的。郭嵩焘在同治元年九月二十二日的日记中写道：

> 程方忠骁勇有纪律，每战更番徐进，屹如山立，连踏贼营廿余座，而于营内所有，无敢取者，始终严阵以俟，真可谓节制之师矣。[④]

在十一月初七日的日记中又写道：

> 程方忠镇军谈及战阵方略，及论人才优劣，多可听者。其论鲍军门宁国战守事宜，尤有卓见。镇军刚厉有威严，淡于嗜欲，行军整肃，有古名将风，足为湘淮诸军之冠。[⑤]

同治二年（1863）十月，程学启率部攻克了太平天国重镇苏州，立下所谓的

---

① 曾国藩：《曾国藩全集 21》，岳麓书社，2011 年。
② 曾国藩：《曾国藩全集 26》，岳麓书社，2011 年。
③ 曾国藩：《曾国藩全集 6》，岳麓书社，2011 年。
④ 郭嵩焘：《郭嵩焘全集 8》，岳麓书社，2018 年。
⑤ 郭嵩焘：《郭嵩焘全集 8》，岳麓书社，2018 年。

“东南第一战功”，而此时的曾国荃仍在天京城下一筹莫展。曾国藩一面在信中安慰曾国荃：“余保少荃，弟让程镇，大有益于东南全局，可慰可慰。”① 一面又动了调回程学启的心思。他再次致信李鸿章，要求将程学启调回曾国荃麾下。李鸿章仍然以程学启正在嘉兴与敌对垒搪塞。

见自己的得意门生羽翼已丰，不听调遣，同治二年（1863）十二月二十日，曾国藩忍不住写了一封措辞颇为严厉的信，对李鸿章两次违抗飞调程学启的命令表示不满，同时批评其不顾浙江巡抚左宗棠的感受越境剿浙，为的是“炫公之长，形彼之短”，指出“助剿浙西究系可缓之图，以程镇助攻金陵，则人情报施之常，亦阁下分内之事也”。他再次要求派程学启带二三千人支援江宁，帮助曾国荃完成“一篑之功”②。

经历了同治元年飞调程学启的失败，曾国荃已经清醒地认识到，李鸿章对程学启颇为倚重，必不肯放其西来。因此，同治三年（1864）正月初，他多次写信劝曾国藩放弃索回程学启一军的想法：“不必谋之于少泉派程学启大军。”③ “即程学启不来，亦不甚要紧”④。

面对老师言辞颇多指责的来信，李鸿章仍没有退让的意思，同治三年正月二十二日，他致信曾国藩，指明曾国荃并无必调程军之意；同时提醒老师，程学启的开字营已非同治元年在安庆商借时可比，作为淮军中最早实现近代化的部队，此时已扩充至万余人，“枪炮精整，不肯自拆羽翼”⑤。

同年二月十八日，程学启在嘉兴攻城时受重伤，三月初十日不治身亡。

安徽定远人方浚师在《蕉轩随录》中写道：“学启之勇非李公善用之不足显，李公之功非善用学启与学启之感李公知、尽心为其用，亦不能底成……浚师官总理衙门时，洋人持学启及戈登照像来视之，修眉方口，两颧微露，恂恂然中人资用，是知以貌取人之所失多也。”⑥ 疑为对曾国藩以貌相人之法的暗讽。

---

① 曾国藩：《曾国藩全集 21》，岳麓书社，2011 年。

② 曾国藩：《曾国藩全集 27》，岳麓书社，2011 年。

③ 曾国荃：《曾国荃全集 5》，岳麓书社，2006 年。

④ 曾国荃：《曾国荃全集 5》，岳麓书社，2006 年。

⑤ 顾廷龙、戴翼：《李鸿章全集 29・信函一》，安徽教育出版社，2008 年。

⑥ 方浚师：《蕉轩随录・卷十一》，同治八年（1867）。

第二节 筹而未建的安庆贡院

贡院是封建时代举办省级科举考试（即乡试）的考场。清康熙六年（1667），江南省分为江苏、安徽两省以后，两省的乡试仍沿袭了明代旧制，在位于江宁（今江苏南京）的江南贡院共同举办。安庆虽为安徽省会，但不另设贡院。因此，旧时的安庆学子，在安庆本地通过县试、府试、院试三级考试，取得秀才身份后，如果想在科举的道路上走得更远，必须到江宁秦淮河畔的江南贡院参加江南乡试。

康熙、雍正、乾隆时期，朝廷内外曾多次有要求苏皖两省分闱考试，以及在安庆兴建贡院的呼声，但均未获得批准。

太平天国运动时期，由于江苏和安徽地区长期被太平天国占领，江南乡试亦长期停顿［其间仅咸丰九年（1859）借用浙江贡院举办过一次乡试］。咸丰十一年（1861）八月，随着曾国藩指挥湘军攻克安庆，安庆迎来了一次难得的创建贡院的历史机遇。

咸丰十一年为举办乡试的年份，就在安庆尚未攻克之前的该年五月，曾国藩向朝廷奏请展缓江南乡试："臣查苏、皖两省，现未克复，所属各府州县，亦多沦陷。科场为抡才大典，未便草率举行……若托皇上威福，皖城早克，当奏请于安庆修造贡院，使上、下江士子萃试皖城，以遂观光之愿。"①

曾国藩是忠实的儒家信徒，对文教事业素来十分重视，而安庆作为安徽省会，设立贡院也属名正言顺。因此，攻克安庆后，曾国藩立即为创建安庆贡院进行了一系列的筹备工作。

一是勘定贡院基址。曾国藩在咸丰十一年十一月初二日的日记中记载："……又至北城看贡院基址。向来安徽与江苏合闱乡试，既有长江之险，难于远行，又以号舍之少，难于录遗，故上江深以乡试为苦。余意欲上下分闱考试，故于五月奏折内略一及之。本日，看定北门、东门之间可为贡院基址，惜高下不甚平耳。"② 从这篇日记也可以看出，曾国藩拟兴建安庆贡院，并非只是由于江宁

① 曾国藩：《曾国藩全集 3》，岳麓书社，2011 年。

② 曾国藩：《曾国藩全集 17》，岳麓书社，2011 年。

未克、苏皖两省乡试无法开展的权宜之计，也是设身处地为安徽士子着想的举措。

二是确定贡院规式和尺寸。贡院基址确定以后不久，曾国藩又派遣精通图谱学的怀宁学者马征麟赴湖北、江西两地的贡院考察，丈量“两处规式尺寸”①，作为兴建安庆贡院的参考。

三是采办木材。李鸿章的长兄李瀚章彼时正在江西赣州任吉南赣宁道，赣州是著名的木材产地。咸丰十一年十一月，曾国藩将采办贡院所需木材的任务交给了李瀚章。

四是开窑烧制砖瓦。安庆城区曾发现大量带有“同治元年　贡院”字样的铭文砖（图 3.3、3.4、3.5），砖文均为篆书字体，分为横读和竖读两种样式，这些铭文砖即为曾国藩于同治元年在安庆烧制的。

图 3.3　铭文砖之一

图 3.4　铭文砖之二

① 曾国藩：《曾国藩全集 24》，岳麓书社，2011 年。

图 3.5　铭文砖之三

然而同治元年（1862）以后，曾国藩中止了贡院筹建事宜。是什么原因使得他做了大量准备工作以后却最终放弃？问题出在从赣州采办的木材上。

同治元年七月，李瀚章在赣州采办的木材采用水运的方式，顺着长江水道漂流而下，但没料到遭遇大风，木排上的缆绳被风吹断，没能顺利地在安庆靠岸，而是被风吹到了铜陵夹（位于今铜陵市西，曹韩洲和白沙洲之间）。

湘军水师统领彭玉麟欣喜过望，认为这批木材是“天之所赐”[①]。同治元年八月初七日，曾国藩只得分别致信杨载福和彭玉麟两位水师统领，让他们“分饬马当、吴城两厂工匠速赴铜陵夹开厂”[②]，即利用这批原准备用于建造安庆贡院的木材开办造船厂。

然而祸不单行，约一个月后，第二批从赣州采办的木材再次被大风吹散，漂到了铜陵夹。

曾国藩酷信天命，他曾说自己平生有“三畏”：畏天命、畏人言、畏君父。因此，同年闰八月初九日，他在给李鸿章的信中不安地写道：“赣州后帮大木又被风所打，全漂入铜陵夹矣。贡院竟恐造不成，不知何故。”[③]

用于建造贡院的木材连续两次被大风吹到了铜陵夹，使得笃信天命的曾国藩对建造安庆贡院是否合乎天意产生了怀疑，于是中止了贡院筹建事宜。

同治二年（1863）正月，曾国藩委派安徽按察使万启琛在安庆建造多座火药

---

① 曾国藩：《曾国藩全集 25》，岳麓书社，2011 年。

② 曾国藩：《曾国藩全集 25》，岳麓书社，2011 年。

③ 曾国藩：《曾国藩全集 25》，岳麓书社，2011 年。

库，令其“借用贡院砖瓦，赶紧兴造”[①]。此时距离第二批赣州木材漂入铜陵夹仅仅五个月时间。

时隔四年之后的同治六年（1867）初，湖南湘乡县禀请建造城墙。曾国藩以湘乡县数百年来均无城墙，亦相安无事，且修城恐有碍风水为由，未予批准。在批牍中，他以自己在安庆筹建贡院的经历为例现身说法：“同治元、二年间，曾议于安庆建立贡院。业已买地平基，购木簰，开砖窑，费钱三万余矣。以其为向来所无，恐风水不利，卒未敢主张办成。”[②]

同治三年（1864）八月，曾国藩在致苏州士绅潘曾玮的信中提及中止创建安庆贡院的原因时，解释为缘于皖南等处人士的反对。但对于苏皖分闱一事，自江南分省以后就一直是赞同与反对的声音并存。综合上述史料可以看出，唯恐动土建造“向来所无”之大型建筑不利风水、有违“天命”，才是曾国藩停止创建安庆贡院的主要原因。

同治三年以后，随着江宁克复在望，曾国藩更加坚定了不再实行苏皖分闱考试的决心。

同治三年四月，苏州士绅向时任江苏巡抚李鸿章提出苏皖分闱，并于安庆和苏州两地分别另建贡院的呈请。四月二十四日，李鸿章致信曾国藩，表示“鸿章皖人，亦所夙愿”，并提请曾国藩“主持擘画”[③]，将分闱之事再次提上日程。五月二十五日，曾国藩在回信中写道：“苏、皖分闱，鄙人亦力主此议，请即拟一会奏疏稿，由鄙处拜发可也。”[④]

虽然表示“亦力主此议”，但实际上曾国藩并不愿意再主持筹划分闱事宜，给李鸿章的回信只是推托之辞。在此前的咸丰十一年五月和同治元年四月关于展缓江南乡试的两份奏折中，曾国藩均鲜明地提出了在安庆创建贡院的个人意见，“若托皇上威福，皖城早克，当奏请于安庆修造贡院”，“或于安庆建造贡院，设法举行”[⑤]，但在同治三年四月二十七日的《金陵未复所有江南乡试恭请展缓办理折》中，曾国藩却并没有表达个人观点，只是转述了江宁、安庆、苏州三地藩司的意见，“兹据该藩司等详称：江南乡试，贡院向设江宁省城。现在江宁虽可期克复，而贡院必久遭焚毁，即安徽、苏州另建贡院，亦属有需时日，目下实难

① 曾国藩：《曾国藩全集26》，岳麓书社，2011年。
② 曾国藩：《曾国藩全集13》，岳麓书社，2011年。
③ 顾廷龙、戴逸：《李鸿章全集29·信函一》，安徽教育出版社，2008年。
④ 曾国藩：《曾国藩全集27》，岳麓书社，2011年。
⑤ 曾国藩：《曾国藩全集4》，岳麓书社，2011年。

举行等情，会详请奏前来。臣复查无异”[①]。而这份奏折也使得江南贡院的焚毁成为江南分闱的先决条件。

同治三年（1864）六月十六日，曾国荃率湘军攻克江宁，六月二十七日，李鸿章即致信曾国荃，请他查看江南贡院房屋是否尚存。在得知江南贡院基本保存完好的消息后，李鸿章也彻底放弃了分闱的想法。同年九月初二日，李鸿章在致友人的书信中写道：“苏、皖分闱之说，人各异词。兹两江贡院既存，毋庸再议，皖额吃亏，如能设法请加，愈于分闱矣。”[②] 而在此前的八月初二日，曾国藩已致信曾国荃，令其立即修整江南贡院，为十一月的乡试做准备；三天后，又去信嘱咐“规模不可狭小，工程不可草率”[③]，并令其添造“十八房住屋”。由此亦可见彼时曾国藩不再主张分闱的真实态度。八月初六日，他又致信主张于安庆、苏州两处另建贡院的苏州士绅潘曾玮，虽然表示将邀请苏州士绅齐集江宁讨论分闱之事，但也在信中明确表达了个人意见：“即观江宁贡院基址亦不宏廓，而数百年来江南科第之盛，贤才之众，巨儒辈出，甲于各省，远轶前代，意者金陵地脉必大有合于风水家言，不特非安庆所可及，即苏州亦或稍逊。”[④]

同治十一年（1872 年）二月，曾国藩在江宁两江总督任内去世。一年以后，安徽巡抚英翰再次主张苏皖分闱，并在安庆城内勘定了旧卫基一带作为贡院基址。由于款项难筹，英翰多次请求时任直隶总督兼北洋大臣的李鸿章支持，但李鸿章以淮军军饷紧张、省内外人士反对等为由婉拒。

有清一代关于创建安庆贡院的动议就此中止。

---

① 曾国藩：《曾国藩全集 7》，岳麓书社，2011 年。

② 顾廷龙、戴逸：《李鸿章全集 29 · 信函一》，安徽教育出版社，2008 年。

③ 曾国藩：《曾国藩全集 · 家书下》，河北人民出版社，2016 年。

④ 曾国藩：《曾国藩全集 28》，岳麓书社，2011 年。

第三节　《曾国藩日记》中的“五局二所”

曾国藩驻守安庆期间的日记中，有多处关于“五局二所”的记载，如“见五局委员”[①]“见五局两所各委员”[②]等。曾国藩在安庆曾设立众多局所，如子弹局（生产实心的铁质子弹）、火药局、枪炮局、谷米局、保甲局、忠义局、内银钱所、外银钱所、内军械所、外军械所等。“五局二所”究竟包括哪些机构？因制造中国第一台蒸汽机和第一艘火轮船而闻名的安庆内军械所是否位列其中？学界历来说法不一。而厘清“五局二所”的组成及性质，探讨其与安庆内军械所的关系，也是研究安庆内军械所性质及生产活动的关键。

一、“五局”为安徽善后总局的代称

曾国藩进驻安庆后，即以安庆为湘军大本营，开始为进攻江宁开展战备工作。他设置了安徽善后总局，负责安靖地方、抚恤百姓，兼顾军需制造。关于安徽善后总局的构成，曾国藩的弟子黎庶昌在其编纂的《曾文正公年谱》中有详细的记载：

> 公札司道设立善后局，安抚遗黎，清查保甲，刊发《劝诫浅语》十六条，分设谷米局及制造火药子弹各局，委员司之。又设内军械所，制造洋枪洋炮，广储军实。[③]

同治三年（1864）九月二十一日，曾国藩在《批金陵绅士陈栋等禀善后事宜十四条》中曾说：“本部堂在安庆时，曾设有忠义局、保甲局。今来江宁，自应照旧开设。”[④]忠义局和保甲局的职能与上述黎庶昌关于安徽善后局“安抚遗黎，清查保甲，刊发《劝诫浅语》十六条”的记载是一致的。因此我们可以判断，安徽善后总局由保甲局、忠义局、谷米局、火药局、子弹局五个分支机构组成。保甲局负责维持地方秩序；忠义局负责采访殉难官绅事迹并予以表彰，以安抚百

---

① 曾国藩：《曾国藩全集 17》，岳麓书社，2011 年。

② 曾国藩：《曾国藩全集 17》，岳麓书社，2011 年。

③ 黎庶昌、王定安等：《曾国藩年谱》，岳麓书社，2017 年。

④ 曾国藩：《曾国藩全集 13》，岳麓书社，2011 年。

姓；谷米局负责采买及加工军粮；火药局和子弹局则为军火制造机构。

有学者认为这则史料存在歧义，谷米局、子弹局、火药局是善后局的平行机构，而不是分支机构。但笔者认为，黎庶昌是曾国藩的得意门生，他于同治二年（1863）三月来到安庆，同治三年（1864）六月以后赴江宁，承担的就是善后事务，其记载可信度高，且有以下史料为佐证。

同治三年九月二十六日，移驻江宁不久的曾国藩在《批句容县文生朱昌焘禀拟善后事宜条陈》中提出："本部堂仍定设立五局：曰编查保甲，曰清理街道，曰清查田产，曰采访忠义，曰营造工程。"①

曾国藩移驻江宁后，在江苏善后总局中设置的五个分局中，清理街道、清查田产、营造工程三个局为在江宁新设，保甲和忠义两个局为沿用安徽善后总局所设机构。因为曾国藩在江宁另设了军需局，专门负责军需物资的制造，所以江苏善后总局中不再设有谷米、火药和子弹各局。而"仍定设立五局"充分证明了安徽善后总局亦有五个分支机构。

同治元年（1862 年）七月初二日，曾国藩在《复陈现无堪胜任北省藩臬人员片》中有"署江宁盐巡道李榕……现派总理善后局务，每月筹办米粮数万石，子药杂械为数甚巨"② 等语，亦能证实除了保甲局和忠义局外，谷米局、火药局、子弹局亦为安徽善后局之分支。同治二年初，曾国藩离开安庆大营巡视长江沿岸防务，并于二月十七日致信在安庆负责善后局事务的李榕（字申夫）等，商议火药制造事宜，同时写道："五局是行军根本，吾辈当以全力经营。"③ 这也证明"五局"确为安徽善后总局的代称。

二、"二所"为安庆粮台的代称

曾国藩起兵初期，由于没有地方实权，只能自筹军饷，"自设粮台，自办报销"④。直到咸丰十年（1860）五月担任两江总督，成为握有实权的封疆大吏后，才终于有了地方之权，能够通过从地方征收牙厘及盐税等方式获得饷源。曾国藩甫一接到任命，即奏请朝廷在江西设粮台，并札委江西布政使总办，专门负责办理湘军军饷及储存派发军需物资。

---

① 曾国藩：《曾国藩全集 13》，岳麓书社，2011 年。
② 曾国藩：《曾国藩全集 5》，岳麓书社，2011 年。
③ 曾国藩：《曾国藩全集 26》，岳麓书社，2011 年。
④ 曾国藩：《曾国藩全集 2》，岳麓书社，2011 年。

此后曾国藩驻扎祁门时，在祁门亦设有粮台。咸丰十一年（1861）秋攻克安庆后，又在安庆设粮台，并将安庆粮台称为“江外粮台”，将祁门粮台称为“山内粮台”。

同治二年（1863）正月初八日，曾国藩在《批朱总镇品隆正月初七日禀报韦部位置并恳拨军粮由》中批复：“其火药油烛，可由江外军械所暂为应付也。”[①]而同年十一月十二日，正在江宁城外围城的曾国荃在致其兄的家信中说：“安庆粮台自七月至今，未尝解火药，今已四个月矣。”[②]说明除了负责办理发放军饷的外银钱所外，江外军械所（又称外军械所）亦为安庆粮台（即江外粮台）的下设机构，负责军米、火药、子弹及其他军需杂械的储存和发放，“各军之粮米子药，皆取给于安庆粮台”[③]。

在此之前，清廷在地方设置的粮台及善后事务均由朝廷钦派官员或地方官员管辖。曾国藩移驻安庆之初，安徽地方官员因战乱仍流散异地。同治元年（1862）四月二十九日，曾国藩在致友人的信中写道：“藩司远驻颍郡，文报往返诚多不便，省中设立善后局，原系权代藩司之任。军务未竣，事难尽如成例。”[④]说明“五局二所”仍属于地方性机构，只是由于“军事未竣，事难尽如成例”，暂由曾国藩直接管理。同治元年十一月底，清廷任命江忠濬（字达川）和何璟（字小宋）分别署理安徽布政使和安徽按察使，曾国藩于是“委达川方伯接管粮台，添派小宋观察会办善后局”[⑤]。但为了在战时更好地为湘军提供后勤保障，在离开安庆移驻江宁前，两个机构的具体事务仍由曾国藩亲自过问，并分别派幕僚李榕和隋藏珠具体负责。

三、曾国藩的大营内与大营外

曾国藩刚到安庆不久，就“以五、十为上衙门之堂期”[⑥]，也就是在每月尾数为“五”和“十”的日子接见各级地方官员。由于后勤保障机构在战争时期的重要作用，此后他又将尾数为“三”的日子定为专门接见“五局二所”委员的日

---

① 曾国藩：《曾国藩全集 13》，岳麓书社，2011 年。

② 曾国荃：《曾国荃全集·第 5 册》，岳麓书社，2006 年。

③ 曾国藩：《曾国藩全集 8》，岳麓书社，2011 年。

④ 曾国藩：《曾国藩全集 25》，岳麓书社，2011 年。

⑤ 曾国藩：《曾国藩全集 26》，岳麓书社，2011 年。

⑥ 曾国藩：《曾国藩全集·日记第 2 卷》，河北人民出版社，2016 年。

子。在同治三年（1864）八月十三日的日记中，他明确写道：“五局两所衙门期也。”[①]

所谓“衙门期”或“上衙门之堂期”，就是曾国藩以两江总督的身份在总督衙门处理地方事务的日子。

关于曾国藩在安庆设置的局所，其幕僚王家璧写于同治二年（1863）九月二十八日的家信《上家大人书》亦为重要的参考史料：

> 此间事权所寄，内则幕府、文案处、内银钱所；外则善后局，总粮台。分其任者内军械所、外军械所、子弹局、火药局、枪炮局、采访忠义局、团防局。[②]

上述“内”和“外”，指的就是大营内及大营外。所谓“分其任者”，即指曾国藩于大营内外所设机构的分支。王家璧家信中所列的分支部门并不完整，附属于善后局的谷米局和附属于粮台的外银钱所都没有提及（其中“团防局”即保甲局）。家信的写作具有随意性，不必特别严谨，王家璧没有完整地列出所有分支机构，也属合理。

驻安庆期间，曾国藩的日常事务分为大营内和大营外两部分。在大营外，他以两江总督的身份处理地方性事务；在大营内，则主要以湘军统帅的身份处理湘军内部事务。

曾国藩起兵之初，即在营中设有随身军械所，又称随营军械所，一般用于制造及存储相对先进的军需物资。在以江督身份获得地方大权之前，他自办的粮台一般距行营“四十里外，八十里内”[③]，粮台内亦设有军械所。两处军械所均由其幕僚管理，负责军需物资的制造、发放和储运。担任江督之后，曾国藩开始利用地方资源办理军需制造和粮台事务，粮台军械所亦随之转移到地方，并由善后局分担军需制造，而由粮台负责储运和发放。驻守安庆以后，为了便于区分，曾国藩将随营军械所称为内军械所，而将设于地方的粮台军械所称为外军械所。

李鸿章于同治元年（1862）在安庆创建的淮军沿袭了湘军的营制营规。淮军东下后不久，李鸿章即任江苏巡抚一职，他也仿照湘军，以内军械所和外军械所分别作为随营军械所和地方所设粮台军械所的代称。

---

① 曾国藩：《曾国藩全集·日记第3卷》，河北人民出版社，2016年。

② 皮明庥等：《出自敌对营垒的太平天国资料——曾国藩幕僚鄂城王家璧文稿辑录》，湖北人民出版社，1986年。

③ 曾国藩：《曾国藩全集·日记第1卷》，河北人民出版社，2016年。

综上所述，“五局二所”即为安徽善后总局和安庆粮台的代称，为曾国藩在安庆设置的地方性战时后勤保障机构。安徽善后总局的分支机构为谷米局、火药局、子弹局、保甲局、忠义局五个局，粮台的分支机构为外银钱所和外军械所。安庆内军械所是曾国藩大营内的随营机构，枪炮局为其分支。

第四节　安庆枪炮局的生产活动

咸丰十一年（1861）八月初一日，湘军曾国荃部用地雷轰塌安庆西北的一段城墙，攻陷了这座太平天国拼尽全力援救的军事重镇。几天后，曾国藩进驻安庆城，不久就着手在安庆建立湘军大本营，设立安徽善后总局和安庆粮台作为后勤保障机构，同时将随营军械所更名为内军械所，以区别于设于地方的安庆粮台下属的外军械所。

清代将帅的随营军械所不仅负责军械物资的购置、储存和发放，也常自制各类军械。枪炮的制作虽有较高的技术要求，但营内自制可以省去运输的麻烦，一些将帅，例如，曾国荃曾在江宁城外的大营中试制开花炮，李鸿章在苏州、天津亦曾设有淮军行营炮局。

一、安庆枪炮局的负责人

咸丰十一年十月，曾国藩设立了安庆枪炮局，作为安庆内军械所的下设机构，专门负责枪炮生产。

安庆枪炮局的主要负责人是龚之棠（字春海），江苏苏州人，与其父龚振麟均为当时的铸炮名匠。

龚之棠善于制造坚固耐用的熟铁大炮。他不仅是安庆枪炮局生产活动的主导者，也参与了安庆内军械所试制火轮船的活动。同治三年（1864）九月，曾国藩移驻江宁，不久安庆内军械所也随之迁移，更名金陵内军械所。同治四年（1865）十二月，徐寿（字雪村）等人在安庆小火轮基础上扩大制造的黄鹄号在江宁下水试行。十二月十五日，曾国藩的幕僚莫友芝在日记中写道：“此船即雪村主造，而为候火表者春海也。”①

---

① 莫友芝：《莫友芝日记》，凤凰出版社，2014 年。

在江宁下水的黄鹄号是在安庆小火轮的基础上扩大制造的，因此不难想见，之前为安庆小火轮“候火表”的，应该也是龚之棠。

二、安庆枪炮局的主要产品

曾国藩在安庆期间设置的军火生产部门，除了枪炮局外，还有火药局和子弹局。但与安庆枪炮局从属于安庆内军械所不同，火药局和子弹局为设于安庆地方的安徽善后总局的分支机构，分别负责制造火药和铁质实心枪弹与炮弹。

安庆枪炮局虽于咸丰十一年（1861）十月即已设立，但由于龚之棠等造炮工匠彼时未到安庆，再加上此时曾国荃的金陵大营急需“群子”（即实心的霰弹），因此曾国藩决定先集中力量在子弹局制造群子。除了在善后总局内新增一处群子生产点外，他还让安庆内军械所的技术人员徐寿和华蘅芳在子弹局兼职，帮助铸造。

同治元年（1862）九月，在长沙设立枪炮局。专为湘军铸造枪炮的湖南官绅黄冕派“龚之棠、廖承泽带各工匠”来皖，以充实安庆枪炮局力量，但还是由于“前敌需用群子，多而且急”，曾国藩仍令他们“先打熟铁群子，稍迟再办枪炮”[①]。

安庆枪炮局直至同治元年十月才正式投入生产，产品主要有劈山炮、大炮、土枪、小手枪、抬枪等。其中最主要的是鸟枪、抬枪和劈山炮，因为曾国藩认为，洋枪洋炮只是“诗赋杂艺”，而刀、矛、鸟枪、抬枪和劈山炮才是应视为根本的“经书八股”[②]。劈山炮是一种发射霰弹的轻型火炮，主要用于攻击密集的敌兵；大炮则主要发射单颗的实心弹，主要用于攻打城池和营垒。曾国藩个人对劈山炮极其偏爱，认为是“陆军第一利器”[③]，因此，安庆枪炮局产品以劈山炮为最多，曾制造出各种类型的劈山炮，如小劈山炮、劈山短炮、坐劈山炮等。

三、安庆枪炮局试制开花炮的过程

曾国藩的弟子黎庶昌在《曾文正公年谱》中记载，曾国藩在安庆曾“设内军械所，制造洋枪洋炮，广储军实”[④]。

---

① 曾国藩：《曾国藩全集 26》，岳麓书社，2011 年。

② 曾国藩：《曾国藩全集 21》，岳麓书社，2011 年。

③ 曾国藩：《曾国藩全集 21》，岳麓书社，2011 年。

④ 黎庶昌、王定安等：《曾国藩年谱》，岳麓书社，2017 年。

但实际上，安庆枪炮局的产品仍然以旧式枪炮为主，只是在生产过程中进行了一些改进，主要是引火装置仿制了洋枪洋炮的做法。制炮名匠龚之棠以购自西洋的铜帽自来火代替旧式的火绳，使得枪炮在发射时不再畏风畏雨，摆脱了天气状况的影响。铜帽自来火价格高昂，且不容易购买，曾国藩也曾在枪炮局内开展过试制活动，但没有成功。

安庆枪炮局还曾试制西洋开花炮（又称硼炮、天炮、炸炮等）。当时西方国家禁止向中国出售开花炮等先进的武器，曾国藩、李鸿章等洋务派官员常常花费重金，也很难买到真正的开花炮。因此曾国藩迫切希望能仿制出开花炮。

华蘅芳在子弹局兼职的同时，亦曾试制西洋炸弹，同治元年（1862）四月十八日在安庆北门外试放，可惜未能成功，“放十余炮，皆无所见”[①]。安庆子弹局的产品为旧式的实心子弹，虽需求量大，但技术含量较低。而开花炮弹为西洋开花炮的配套产品，因此，华蘅芳试制炸弹并不是子弹局的工作内容，而是其以安庆内军械所委员的身份便宜行事。

同治元年五月初三日，容闳经人举荐来到安庆，向曾国藩“言及硼炮之利”[②]，曾国藩于是派幕僚李善兰到上海，希望能利用上海的地利之便以及容闳的帮助，让李善兰在上海学成开花炮制造技术再带回安庆。同年底，李善兰“制成开花炮二尊”带回安庆，但“考之时价稍昂”[③]。

李善兰制成的开花炮应该不是很成功，因为在此之后，曾国藩又继续起用丁杰试制开花炮。

丁杰，字仲文，广东番禺人，祖籍安徽怀宁，其父在广东游幕，后入番禺籍。丁杰为道光二十九年（1849）举人，咸丰七年（1857）以直隶州州同分发福建，因军功赏花翎，加按察使衔。曾国藩驻安庆后，丁杰致信毛遂自荐，献硼炮之技，并于同治元年十二月初一日来到安庆。

丁杰在安庆试制开花炮的过程并不顺利，经过两次演放均不成功。第一次为同治二年（1863）正月初八日，“大小五炮，其弹在半空炸裂，不待落地而已开花矣”[④]。第二次为同年五月十四日，“共放二十余炮，惟第一炮落地开花，而又

---

① 曾国藩：《曾国藩全集 17》，岳麓书社，2011 年。

② 曾国藩：《曾国藩全集 25》，岳麓书社，2011 年。

③ 顾廷龙、戴逸：《李鸿章全集 29·信函一》，安徽教育出版社，2008 年。

④ 曾国藩：《曾国藩全集 17》，岳麓书社，2011 年。

恰中植旗之处，余或不落地而开花，或不中植旗之处”[①]。

两次不成功的演放让曾国藩很失望，逐渐丧失了对丁杰的信任。但丁杰并不死心，向曾国藩提出到曾国荃大营效力。同治二年七月初十日，他在江宁城外的曾国荃军营演放了自制的炸弹。虽然丁杰试制的开花炮及炸弹性能很不稳定，但恰巧此次试放较为成功。当时曾国藩的幕僚赵烈文正在曾国荃营中，他在《能静居日记》中写道：“安庆来铸洋炸炮委员丁仲文观察（杰，广东人）来访，所铸炸弹，本日用之甚利。”[②] 曾国荃于是决定让丁杰留在江宁军营内制造开花炮。此举遭到曾国藩的反对，致信极力劝阻：

> 丁道以前二年在福建寄信来此，献硼炮之技。去年十一月到皖，已试验两次，毫无足观。居此半年，苟有长技，余方求之不得，岂肯弃而不用？渠在此无以自长，愿至金陵一为效用，余勉许之。至欲在雨花台铸炮，则尽可不必。[③]

曾国荃见李鸿章率领的淮军在苏沪地区利用购自西洋的开花炮攻城略地，很是羡慕，于是一意孤行，命丁杰在营中铸炮，最终也未成功。对此，曾国荃颇感后悔，同治二年十二月二十六日，他在写给曾国藩的家信中说：“弟惑于洋炮轰塌城垣之说，故准丁道一试其技，浪费不少，而于城毫无所损，悔不信长者之言耳。”[④]

四、安庆枪炮局开花炮试制失败原因

安庆枪炮局试制开花炮的失败，不能完全归咎于丁杰、李善兰等人，这是当时国内科学技术落后的必然结果。

一是制造技术的落后。对此，同治元年底开始在上海等地设厂制炮的李鸿章有清醒的认识。同治四年（1865）二月二十七日，他在致杨载福的信中说：“中国工匠但能仿制炸弹，不能仿制大炮，即造弹所用煤铁、引门、药物，均须购自外洋。”[⑤] 除了枪炮制造技术的落后外，当时国内生产的火药、煤、铁等在质量上都不能和西方相比。

---

① 曾国藩：《曾国藩全集 17》，岳麓书社，2011 年。
② 赵烈文：《能静居日记·第二册》，岳麓书社，2013 年。
③ 曾国藩：《曾国藩全集·家书下》，河北人民出版社，2016 年。
④ 曾国荃：《曾国荃全集·第 5 册》，岳麓书社，2006 年。
⑤ 顾廷龙、戴逸：《李鸿章全集 29·信函一》，安徽教育出版社，2008 年。

二是施放人才的缺乏。开花炮的发射，需要具有一定数学知识并经过专门训练的官兵。中国早在康熙年间就制造出了可爆炸的子母炮，但彼时东西方都不能精确地计算炸弹爆炸时间，也无法保证攻击目标的准确。到 19 世纪下半叶，弹道学的发展使得西方的军事技术出现了突飞猛进的革新。西方的炮兵军官都在军事院校学习了一定的数学知识，且经过专门的训练，能够根据火炮类型和火药量精准地控制炮弹爆炸的时间，并能精确地击中目标。而中国官兵即使粗略学习了施放技巧，由于中国生产的火药质量低下，膨胀系数与西方火药区别很大，也很难做到精准施放。直到同治十三年（1874）十一月二十日，山东巡抚丁宝桢在《筹议海防应办事宜折》中仍然指出："第中国虽购洋炮，而施放不能如彼之准，此由测算炮力炮药所及之远近高下不及其精。故彼之利器在彼用之仍可擅长，我用之则仍不可恃。"①

因此，丁杰等在安庆试制开花炮失败的原因，并不完全是铸造技术的问题。当时在曾国藩的安庆大营中，并没有懂得开花炮施放技术的人才。直到丁杰第二次演放开花炮失败的七天以后，曾在上海向洋人粗略学习了开花炮施放技术的张斯桂才来到安庆，加入曾国藩幕府。而此时，曾国藩已经对开花炮的试制活动丧失信心，把军事制造活动的重心转移到火轮船的试制上去了。

第五节　威林密号轮船

曾国藩驻守安庆期间，安庆成为湘军的大本营。曾国藩一面设置安徽善后总局和安庆粮台，作为地方后勤保障机构；一面创设由徐寿、华蘅芳等技术专家组成的安庆内军械所，发起了以制炮造船为核心的洋务运动。

在中国第一艘蒸汽机船于安庆下水试航之前的同治元年（1862）初，曾国藩委派幕僚周腾虎在上海购买了一艘名为威林密号的洋船。

一、威林密号与周腾虎

周腾虎（1816—1862），原名瑛，字弢甫（一字韬甫），阳湖（今江苏常州）人。自幼即负才名，博古通今，雄于辩论，亦善诗词书法，因屡试不第，改习经

① 丁宝桢：《丁宝桢全集 2》，贵州人民出版社，2017 年。

世之学。咸丰五年（1855），周腾虎在江西入曾国藩幕，并推荐妻弟赵烈文同入曾幕，不久因丁母忧而回乡。咸丰十一年（1861）十月，周腾虎来到安庆，再入曾幕。

驻守安庆期间，曾国藩注重招揽洋务人才，因此十分赏识周腾虎，认为他“颇习夷务，所言亦晓畅事理”[①]，并让他搬到行署中同住，常常与其朝夕长谈，不久即派周腾虎赴上海催办粮饷，顺便觅购洋船。

一个多月后，周腾虎在上海选定了一大一小两艘洋船，分别名为威林密和吧吡。同治元年（1862）正月二十一日，他命威林密号洋船驶往安庆，请曾国藩“阅看定夺”。曾国藩登上轮船细细验看，慨叹“无一物不工致”，尤其是专门细看了“用火激水转轮之处”，即轮船的蒸汽动力装置，只是“仓卒不能得其要领”[②]。至于船价，周腾虎此前来信禀报的船价预算只有“二万或一万五”，曾国藩已据此致信上海道吴煦，令其按价购买。但船到安庆后，洋商却索价五万五千金，与预算价目悬殊，因此曾国藩命周腾虎购买只需一万二千金、稍小的吧吡号[③]。李鸿章也和其他幕僚一起陪同曾国藩检视了威林密号，认为“甚为闳丽”，只是“索价太昂”，同时他也考虑到了轮船恐“暗有损伤”，建议周腾虎与吴煦商议妥当后再购买[④]。

当时上海等地的洋商常常将二手旧船出售给中国官绅，威林密号和吧吡号都是这样的旧船，吧吡号的破旧情况尤为严重，船到手后才发现行驶迟缓，又没有洋人旗号，无法通过太平天国占领区，只能留在上海一带使用。李鸿章自同治元年三月率淮军入沪后，急需从安庆运送军火以及后续的淮军兵勇赴沪，于是顾不上昂贵的价格，写信请求曾国藩同意购买在安庆验看过的威林密号，而将吧吡号留在苏沪地区，专门在镇江、上海一带使用[⑤]。

同年二月，江苏巡抚薛焕命人乘吧吡号解粮饷到浙江，不料船于中途损坏，未能及时送到。曾国藩也因此遭到了朝廷的斥责。威林密号虽然较吧吡号稍好，但也时常损坏，修理费动辄千金，且雇用的洋人不听调度。李鸿章因此责怪周腾

① 曾国藩：《曾国藩全集·日记第2卷》，河北人民出版社，2016年。

② 曾国藩：《曾国藩全集·日记第2卷》，河北人民出版社，2016年。

③ 曾国藩：《曾国藩全集25》，岳麓书社，2011年。

④ 顾廷龙、戴逸：《李鸿章全集29·信函一》，安徽教育出版社，2008年。

⑤ 顾廷龙、戴逸：《李鸿章全集29·信函一》，安徽教育出版社，2008年。

虎办事不力，“此等人清谈甚高，未可出手办事”[①]。

周腾虎个性好辩，到上海后不久，即得罪了上海官绅，再加上他欲为有“通贼”嫌疑的浙江布政使林福祥洗冤，屡被弹劾，同治元年（1862）六月间，两次遭到廷寄斥责。周腾虎本就因购船之事以及李鸿章的责咎而忧心不已，再加上两次被纠劾，更是“意甚郁郁，一病不起”[②]，于同年七月病逝于上海。

曾国藩初接廷寄时十分愤怒，在家信中将周腾虎归为“有才而无德者”之流，在得知其遭弹劾实为上海官绅为泄私愤所致后才释然。他对于周腾虎的病逝十分惋惜，在致赵烈文的信中写道：“韬甫潦倒半生，遽埋玉树。人世泛泛悠悠之口，乃能枉杀磊磊落落之才，足为扼腕。”[③]

而李鸿章始终将轮船的不堪使用完全归咎于周腾虎，他认为周腾虎之死也有因轮船之事而负疚愧恨的原因，“韬甫抱屈而未始无愧恨于轮船，亦命也”[④]。

二、威林密号与安庆蒸汽机船

彼时长江下游沿岸大多仍为太平天国占领区，只有外国轮船才能通过。曾国藩购买洋船，一方面是为了在安庆与苏沪浙等辖区之间运送军械、粮饷、兵勇及传递文报，同时也是为安庆内军械所仿制轮船提供参照的标本。

20 世纪 80 年代，徐寿的曾孙徐宝鋆、玄孙徐梁曾根据父辈口述回忆，徐寿、华蘅芳等在安庆筹备制造火轮船时，曾登上一艘停泊于安庆江心的英国轮船参观了整整一天，绘制了很多船上机械的草图。后来，他们正是以此为参考，制造出中国第一艘以蒸汽为动力的火轮船。一年以后，那艘洋船的船长再次来到安庆并登上徐寿等人制造的轮船，当他听说这艘船完全由中国人自己制造时，十分惊叹[⑤]。

彼时安庆并非通商口岸，外国轮船也不能在安庆江面停泊。从苏浙沪等地来安庆，只能搭乘外国商船到安庆上游的九江，再从九江转乘中国民船到安庆。从安庆到长江下游地区同样也要从九江中转。徐寿、华蘅芳等登上的洋船不止一次在安庆江边长时间停泊，可以推断即为曾国藩自购的威林密号。

在与太平天国争夺安庆期间，面对内外交困的形势，曾国藩的洋务思想初步

---

① 顾廷龙、戴逸：《李鸿章全集 29 · 信函一》，安徽教育出版社，2008 年。

② 顾廷龙、戴逸：《李鸿章全集 29 · 信函一》，安徽教育出版社，2008 年。

③ 曾国藩：《曾国藩全集 26》，岳麓书社，2011 年。

④ 顾廷龙、戴逸：《李鸿章全集 29 · 信函一》，安徽教育出版社，2008 年。

⑤ 无锡市政协文史资料研究委员会：《无锡文史资料第 7 辑》，1984 年。

形成，他于咸丰十一年（1861）七月十八日上奏朝廷的《复陈购买外洋船炮折》就是其洋务思想的反映：

> 购买外洋船炮，则为今日救时之第一要务……购成之后，访募覃思之士、智巧之匠，始而演习，继而试造，不过一二年，火轮船必为中外官民通行之物，可以剿发逆，可以勤远略。①

进驻安庆以后不久，曾国藩首开洋务运动之先河，创设安庆内军械所，购买洋枪洋炮洋船，继而进行仿制。因此，曾国藩之所以购买威林密号，不仅仅是为了运解粮饷、军械、兵勇及传送文报，而是希望最终能达到成功仿制的目的。与妄图利用洋人、通过从西洋购买洋船的方式组建舰队并最终失败的清廷相比，曾国藩显然具有更清醒的认识。

当时上海的官绅利用地利之便，购买或租雇了一些洋船。因此，曾国藩在《复陈购买外洋船炮折》附奏的《请先调上海旧有轮船试用片》中提出："南省旧有洋船二只。询据赫德则称，并非打仗之船，且已有一只败坏……赫德所称一只败坏，如果属实，想即系名'可敷'者……臣拟先调现泊上海之'土只坡'轮船一只，由长江上驶安庆一带，就近察勘试用。"②《清史稿》也记载："以已租之美利坚轮船二艘，一名土只坡，一名可敷本，为护运之用，配以炮械，驶赴安庆，隶曾国藩调遣。"③

因此，曾有研究者认为，安庆蒸汽机船是以土只坡号为标本制造的。但实际上，土只坡号最终并未调赴安庆。曾国藩的奏折写于咸丰十一年（1861）七月，但同治元年（1862）二月，总理衙门大臣奕䜣在上奏朝廷的《购买外国船炮事》中却明确记载："前据赫德云，南省旧有二只，并非打仗之船，已经废弃，殊为可惜。"④ 实际上，当时上海官绅购买的洋船远不止二只，为防止总理衙门调拨，勉强承认有二只，只是敷衍之辞。此时，曾国藩已经安排周腾虎在上海购船，并在安庆检视了威林密号。这说明曾国藩确实曾有调用土只坡号到安庆的想法，但因沪方称船已废弃，最终未能如愿。

---

① 曾国藩：《曾国藩全集 3》，岳麓书社，2011 年。

② 曾国藩：《曾国藩全集 3》，岳麓书社，2011 年。

③ 赵尔巽等：《清史稿·4 卷》，吉林人民出版社，1998 年。

④ 曾国藩：《曾国藩全集 4》，岳麓书社，2011 年。

三、难以调度的威林密号

威林密号购定以后，由于中国极少有人懂得驾驶洋船，也不熟悉船上机械，只能雇用西洋人担任船主（即船长）及水手。而在当时积贫积弱、落后挨打的国情下，洋人在中国国土上飞扬跋扈，为所欲为，即使是曾国藩、李鸿章这样的朝廷大员，对待自家轮船上的西洋雇员，也常常束手无策。

同治元年（1862）六月，威林密号从汉口驶来安庆，曾国藩令其装载二万斤火药运赴上海，但洋人“贪带茶叶”，嫌火药数量太多，“仅允带五千斤”，且“并不肯少待片刻以带信件”①。自己购买的轮船竟然不能听命于己，曾国藩不禁慨叹：“凶猛如此，殊可虑也！”②

一个月后，李鸿章欲令威林密号从上海押解四万两饷银赴安庆，同时搭载回籍募勇的魏荫庭等淮军将领至安庆中转。但威林密号船主借口需要修整，拖延了十多天仍未开行。李鸿章在致曾国藩的信中忧愤地写道：“洋人横戾，断不能操纵由我！”“亦无如何也！”③

咸同之交，洋枪队（不久改名常胜军）统领华尔及其胞弟在上海开设华尔洋行，经营军火，谋取暴利。他们一面向沪方出售废旧轮船，一面利用“代管”的方式，图谋将中方轮船据为己有。同治三年（1864）八月，华尔试图用同样的方式骗取威林密、吧吡二船。他对李鸿章说：“外国人非中国官所能知，所能管。”同时提出：“今抚台若将威林密、吧吡等船责成我管，听你调度，包管无人敢于掣肘。”李鸿章认为可以依靠华尔的势力压服洋人，于是请求曾国藩令华尔兼管威林密、吧吡二船，“到皖由师门调派，在沪由鸿章调派”，“每船委一妥员，专司传谕照料”④。曾国藩苦于无法正常调度威林密号，只好于八月二十五日回复李鸿章：“威林密、吧吡二船，即日当札华尔副将经管。”⑤

幸好此后不久，华尔即在浙江慈溪被太平军击毙，白齐文接任常胜军统领。由于白齐文个性乖张，行事张狂，同治元年十一月，曾国藩令李鸿章索回了轮船的管辖权，将其交由淮军将领程廷杰管理。

---

① 曾国藩：《曾国藩全集 25》，岳麓书社，2011 年。

② 曾国藩：《曾国藩全集·日记第 2 卷》，河北人民出版社，2016 年。

③ 顾廷龙、戴逸：《李鸿章全集 29·信函一》，安徽教育出版社，2008 年。

④ 顾廷龙、戴逸：《李鸿章全集 29·信函一》，安徽教育出版社，2008 年。

⑤ 曾国藩：《曾国藩全集 25》，岳麓书社，2011 年。

四、威林密号的停撤变卖

曾国藩幕僚薛福成在同治七年（1868）日记中曾载：“威林密船身虽大，已历廿余年。”[①] 因此曾国藩购买之时，威林密号至少是有十余年船龄的旧船了。因为是二手船，威林密号问题颇多，经常在途中损坏。同治四年（1865），在运送兵勇途中又遭到一艘外国兵船的碰撞，受损严重，而对方在赔偿修理的过程中又只是一味塞责，敷衍了事，致使轮船更是不堪使用，遭遇大风等恶劣天气甚至无法航行。同治六年（1867），威林密号从上海驶往江宁的途中遇到大风，只能靠岸避风，短短的行程竟走了十天时间。

同治六年以后，为了防止迟滞误事，威林密号专用于在上海和江宁之间解运军饷。但丁日昌任江苏巡抚期间，考虑到“威林密轮船年老窳朽，一遇风涛，时有沉散之虞，若以装解数十万巨饷，诚难放心”[②]，再加上该船使用费用较高，因此将威林密号停撤变卖。

第六节 曾国藩跋邓石如篆书拓片隐藏的历史信息

安庆博物馆收藏有一幅邓石如（1743—1805）书法拓片，上书“海日夜色，云帆中流”八字篆书，款署：“偕庵禅师首座　完白山人邓石如书”（图 3.6）。其后有曾国藩跋文：“同治四年三月之杪，余与客同游焦山，怀宁邓传密守之与焉。其尊甫完白先生所书‘海日夜色，云帆中流’八字，芥航和尚出以示余，因属守之□摹，刻石寺壁，与瘞□（鹤）铭并寿于世。”（图 3.7）

图 3.6 邓石如书法拓片

① 薛福成：《薛福成日记·上》，吉林文史出版社，2004 年。
② 赵春晨：《丁日昌集·上》，上海古籍出版社，2010 年。

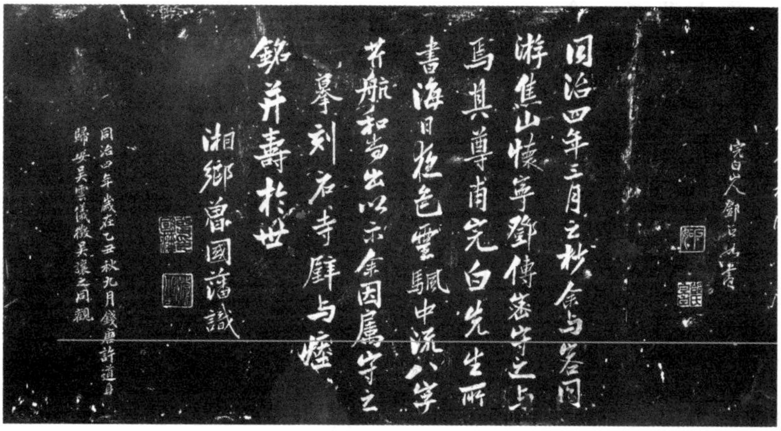

图 3.7　曾国藩跋邓石如书法拓片

曾国藩十分倾慕清代碑学宗师邓石如的书法艺术。在书法艺术上亦有较深造诣的邓石如独子邓传密，曾是其座上宾，常往来于其幕府之中。上述跋文所记之事，曾国藩日记中亦曾提及，时在同治四年（1865）三月二十八日。其幕僚莫友芝也在日记中记载了此次焦山之游，并提到芥航和尚为定慧寺的“才僧”①。结合“与瘗鹤铭并寿于世”一句可以推断，曾国藩看见邓石如篆书又令邓传密钩摹并刻石的地方，应该是焦山名刹定慧寺。

曾国藩一行离开后，定慧寺僧人将邓传密钩摹的邓石如篆书八字刻于石壁。同年九月，常镇道许道身、书画家吴云和吴让之曾一起来此观赏并留下跋记。

同治五年（1866）正月，常镇道许道身将石刻拓片寄交曾国藩，正月二十日，后者将“焦山石刻八字”② 转寄了一份给邓传密。

通过对相关史料的辨析，笔者认为，由于焦山邓石如篆书石刻刻成以后，清朝的国内形势、曾国藩个人以及湘军的命运都经历了重要的转折，笃信天命且极其迷信的曾国藩后来将焦山石刻视为谶语；再加上这八个字具备谣谶（即人为制造的政治预言性质的谶语）所含的隐喻、谐言等元素，为了避免被世人曲解为带有政治目的的谣谶，曾国藩最终将焦山邓石如石刻毁去。

① 莫友芝：《莫友芝日记》，凤凰出版社，2014 年。

② 曾国藩：《曾国藩全集・书信八》，岳麓书社，1994 年。

一、焦山邓石如篆书石刻的历史机缘

“海日夜色，云帆中流”，出自李白《饯李副使藏用移军广陵序》。

唐肃宗时期，唐王朝深陷安史之乱，上元元年（760），在平叛中才望兼备、崭露头角但刚强自用的淮西节度副使刘展遭人忌恨，被诬枉为意图谋反，且姓名与流传的谣谶相合。朝廷于是设计，以擢升为名，欲在其赴任途中将其斩杀。刘展被迫发动叛乱，使得仍苦陷于安史之乱中的唐王朝雪上加霜。

刘展叛军在江淮之间攻城略地，唐朝地方官员纷纷弃城而逃，仅有时任江淮都统副使的李藏用在润州（今属镇江）“收散卒，得七百人，东至苏州募壮士，得二千人，立栅以拒刘展”[①]。但因孤立无援、兵单力薄而退守杭州，独守孤城，多次打退叛军的进攻，扼住了刘展的去路。后唐肃宗任命平卢都知兵马使田神功南下，于上元二年（761）正月擒获刘展。李藏用则在杭州歼灭刘展余部，最终平息了叛乱。

叛乱平息后，朝廷并没有给予立下卓越功勋的李藏用应有的提拔。虽然曾任命其为浙西节度副使，但他却未能就任，而是被调赴楚州任刺史。

至楚州后不久，朝廷下令查验战后各州仓库物品。李藏用于战时募兵作战，由于事发仓促，兵饷不足，曾经变卖仓库物资以充军饷。他担心会因此事受牵连，因此说了一些后悔募兵平叛的言论。牙将高干与他有宿怨，借机诬告其谋反，李藏用被迫逃走，后被高干斩杀。

李白的《饯李副使藏用移军广陵序》作于上元二年秋，此时刘展之乱刚被平息不久，李藏用奉命从杭州移军广陵（今属扬州），路过江宁，当地人设宴款待，并为之送行，李白在席上作诗序相赠：

> 夫功未足以盖世，威不可以震主。必挟此者，持之安归？所以彭越醢于前，韩信诛于后。况权位不及于此者，虚生危疑，而潜苞祸心，小拒王命。是以谋臣将啖以节钺，诱而烹之。亦由借鸿涛于奔鲸，鲙生人于哮虎。呼吸江海，横流百川。左萦右拂，十有余郡。国计未及，谁当其锋？我副使李公，勇冠三军，众无一旅。横倚天之剑，挥驻日之戈。吟啸四顾，熊罴雨集。蒙轮扛鼎之士，杖干将而星罗。上可以决天云，下可以绝地维。翕振虎旅，赫张王师。退如山立，进若电逝。转战百胜，僵尸盈川。水膏于沧溟，

① 司马光：《资治通鉴·卷二百二十一·唐纪三十七》，中华书局，1956年。

> 陆血于原野。一扫瓦解，洗清全吴。可谓万里长城，横断楚塞。不然，五岭之北，尽饵于修蛇，势盘地蹙，不可图也。而功大用小，天高路遐。社稷虽定于刘章，封侯未施于李广。使慷慨之士，长吁青云。且移军广陵，恭揖后命。组练照雪，楼船乘风。箫鼓沸而三山动，旌旗扬而九天转。良牧出祖，烈将登筵。歌酣易水之风，气振武安之瓦。海日夜色，云帆中流。席阑赋诗，以壮三军之事。白也笔已老矣，序何能为？①

李白在诗序中不仅以彭越、韩信、刘展为例，述说了功高震主者的悲剧结局，也对李藏用的“功大用小”表达了不平。

一千余年后，清代碑学大师邓石如来到焦山时写下这八个篆书大字，大约是因为焦山立于长江中流的美景，正好与此句的雄壮意境相合。但他也一定不会想到，他的书法将会成为媒介，串联相距一千余年的人和事。

同治四年（1865）三月二十八日登上焦山之前，曾国藩阅读了京报：

> 是日早间阅京报，见三月八日革恭亲王差事谕旨，有“目无君上，诸多挟制，暗使离间，不可细问”等语，读之寒心，惴栗之至，竟日忡忡如不自克。二更三点睡，不甚成寐。②

因此，整天都忧心忡忡的曾国藩见到这幅邓石如篆书的时候，并没有深究这八个字的含义，只是惊叹于书法大师作品的魅力，于是让邓传密钩摹后刻于石壁。

曾国藩当时也不会意识到，恭亲王被革职只是同治四年春夏之交一系列变故的开始。这个春天对于清王朝、曾国藩个人，以及湘军，都是一个关键的转折时期。

一是朝廷内部斗争的转折点。

太平天国运动失败后，慈禧为了独揽大权，开始打击以奕䜣为首的洋务派的势力。同治四年三月，她授意日讲起居注官蔡寿祺弹劾劳崇光、曾国藩等汉臣结党营私，又以“揽权、纳贿、徇私、骄盈”等罪名弹劾奕䜣。对于汉臣，慈禧此举仅在威吓，她仍然需要利用他们镇压农民起义，于是将弹劾汉臣的奏折留中不发，而把矛头直指曾经的盟友奕䜣，于三月初七日颁布谕旨，革除奕䜣一切职

---

① 李白：《李太白全集·卷二十六》，四库全书本。

② 曾国藩：《曾国藩全集·日记第 3 卷》，河北人民出版社，2016 年。

务。虽然由于满朝王公大臣的不满，慈禧后来不得不恢复了奕䜣的职务，但议政王的称号并没有恢复。经过这次事件，奕䜣的势力被削弱，慈禧逐渐走上了独揽大权的道路。

二是国内形势的转折点。

就在曾国藩登上焦山的一个月以后，同治四年（1865）四月二十四日，捻军在曹州（今山东菏泽）高庄集截杀了蒙古科尔沁亲王僧格林沁，其所部清军也全军覆没。这是捻军起义史上最大的一次胜利，史称“曹州大捷”。僧格林沁是清廷最为倚重的蒙古统帅，被视为“北方长城”，与曾国藩并称“南曾北僧”。因此，消息传来，清廷上下极为震恐。而经此一役，捻军声势大振，也使得清王朝在镇压了太平天国运动后，再次遭遇关系存亡的重大威胁。

三是曾国藩个人声誉和威望的转折点。

僧格林沁战死后，同治四年四月二十七日，清廷谕令曾国藩北上剿捻。已经自剪羽翼，裁撤了大部分湘军的曾国藩多次请辞不获批准，于是不得不率淮军北上。同治四年至五年间，他在剿捻战场上屡遭败绩。而清廷又没有耐心等到他的河防之法发挥作用，于同治五年（1866）十一月命李鸿章接替他剿捻，仍令曾国藩回任两江总督。

自从北上剿捻以后，曾国藩的声望开始从攻克天京时的顶点上跌落。仅从同治五年至第二年三月，他就被“寄谕责备者七次，御史参劾者五次”[①]，而其中“未奉发阅者又复不知凡几”[②]，常令他感到“梦魂悚惕，惧罹不测之咎”[③]。不仅如此，与学生李鸿章互换位置，回任两江，更是让他颜面扫地。他奏请朝廷希望以散员身份在营中留用，却因此引来更多的弹劾，不得不赴江宁上任。回到江宁前，曾国藩曾悲哀地对李鸿章说“寒门有衰替之象”[④]。

四是湘军由盛而衰的转折点。

攻克天京后的第二个月，曾国藩就上奏朝廷，请求裁撤湘军。此举一是为了消除朝廷的猜忌，二是由于湘军因饷源不足、哥老会渗入等问题，战斗力已经开始减弱。至同治四年春天，已“裁撤五万余人”[⑤]。同治四年四月初七日，湘军

---

① 曾国藩：《曾国藩全集·书信九》，岳麓书社，1994年。
② 曾国藩：《曾国藩全集·书信八》，岳麓书社，1994年。
③ 曾国藩：《曾国藩全集·书信八》，岳麓书社，1994年。
④ 曾国藩：《曾国藩全集·书信九》，岳麓书社，1994年。
⑤ 曾国藩：《曾国藩全集·书信七》，岳麓书社，1994年。

之霆营在金口闹饷哗变，接着，“江西、湖北、皖南各军纷纷哗饷，变端迭生”[①]。各地的闹饷哗变，使得曾国藩不得不更大幅度地加速裁撤湘军，至同治四年闰五月曾国藩北上剿捻时，已裁撤十余万人。随其北上的，仅刘松山一军和张诗日数营。

而此后的同治五年（1866）底，曾国荃不听兄长的劝告，弹劾满族官员、湖广总督官文，又引发了清廷抑制湘系将领的一系列报复行动。同治六年（1867），湘军将领杨载福、刘蓉、郭嵩焘、曾国荃、刘长佑等相继开缺回籍。曾国藩不由得发出了“吾乡极盛，固难久耶，思之悚惕”[②] 的哀叹。

二、李白的反用典故与诗谶

李白善于在诗文中巧用典故。“海日夜色，云帆中流”一句，表面上为描写水军出征的雄壮场景，实际却是暗典和反典兼用。盛唐开元年间，诗人王湾《次北固山下》诗中“海日生残夜，江春入旧年”一句，生动描绘了旭日初升、冬去春来的江上景象。宰相张说十分欣赏此诗所表达的生机勃勃、积极向上的气象，亲自手书此句悬挂于政事堂上。因旧时文人常常将文章表现出的气象与国运联系起来，认为文章与国运相关，因此，这句诗也被后世视为盛唐气象的代表。

由于安史之乱的冲击，唐肃宗时代正处于唐王朝由盛而衰的转折期。李白在诗序中反用典故，以“夜色”代替“残夜”，巧妙地将孕育着无限生机的黎明景象改写为暮气沉沉的黄昏场景，表达了唐朝社会已经由盛转衰的深意。“海日夜色，云帆中流”，也隐含了对李藏用于国家危难之时挺身而出的英雄气概的赞颂。

《诗大序》称诗能够“动天地，感鬼神”，因此，古人认为诗歌具有天人感应的功能。人们往往将后来发生之事与之前创作的有关联的诗句联系起来，从中附会出预言的成分，即“诗谶”。诗谶在封建时代曾被视为诗歌的一个门类，如《全唐诗》中即有“谶记”卷。

《饯李副使藏用移军广陵序》虽然是一篇诗序，但历代研究者都认为，李白善于以诗为文，其诗序的艺术性和感染力与诗是相通的。

李白的诗序完成几个月以后，李藏用就被小人构陷致死，和诗序中提及的三个功高震主者一样未能善终。

一千多年以后，从诗谶说的角度，“海日夜色”四字中所隐含的阴阳交替、

---

① 曾国藩：《曾国藩全集·书信七》，岳麓书社，1994 年。

② 曾国藩：《曾国藩全集·书信九》，岳麓书社，1994 年。

盛极而衰，以及“云帆中流”所预示的中流行舟的凶险，又应验了曾国藩和湘系集团自同治四年（1865）春天以后因霆营哗变、剿捻失败、参劾官文等一系列变故后的由盛转衰，也应验了僧格林沁战死、捻军崛起等动摇清王朝统治基础的险情。再加上它正好出现于曾国藩得知奕䜣被革职的同一天，又让人不得不将它与慈禧开始实施专权的行动联系起来，并且在变故一个接一个地发生以后，越来越像一句预示着不祥的谶语。

三、曾国藩再上焦山与“机神”说

李鸿章接替老师北上后，继续采用曾国藩首创的河防战略，最终于同治六年（1867）十二月镇压了东捻军。

同治七年（1868）春，曾国藩率领部将和僚属东游，先后到达镇江、无锡、苏州等地，并于四月二十九日再次登上焦山，在他当天的日记中有这样一段文字：

> 余昔年抄古文，分气势、识度、情韵、趣味为四属，拟再抄古近诗，亦分为四属，而别增一机神之属。机者，无心遇之，偶然触之。姚惜抱谓文王、周公“系易”“彖辞”“爻辞”，其取象亦偶触于其机。假令《易》一日而为之，其机之所触少变，则其辞之取象亦少异矣。余尝叹为知言。神者，人功与天机相凑泊，如卜筮之有繇辞，如《左传》诸史之有童谣，如佛书之有偈语，其义在于可解与不可解之间。古人有所托讽，如阮嗣宗之类，或故作神语，以乱其辞。唐人如太白之豪、少陵之雄、龙标之逸、昌谷之奇，及元、白、张、王之乐府，亦往往多神到、机到之语。即宋世名家之诗，亦皆人巧极而天工错，径路绝而风云通。盖必可与言机，可与用神，而后极诗之能事。余抄诗拟增此一种，与古文微有异同。①

这段日记常被视为反映曾国藩诗论思想的文献而被引用，但研究者对“机神”二字的真正含义多未给出确切的解释。而要准确解释“机神”二字，则应考虑到贯穿曾国藩一生的对《周易》的精研以及他强烈的天命论思想。

“机”，又称“几”。《周易·系辞下》称：“几者，动之微，吉凶之先见者也。”所以，“机”为吉凶出现之前的细微征兆。在这篇日记中，曾国藩指出，“机”具有偶然性的特征，并不随主观意志而转移。他又以卜筮中的繇辞、《左

---

① 曾国藩：《曾国藩全集·日记第 4 卷》，河北人民出版社，2016 年。

传》诸史中的童谣、佛书中的偈语这些具有天命或神意预言及警示性质的文字来解释“神”，指出当诗的文字足够精美时，就会因偶然的机缘触动天机，即所谓“人巧极而天工错”。这种具有“机神”性质的诗作常常语义隐晦，介于可解与不可解之间，即所谓“径路绝而风云通”。曾国藩还认为，阮籍等诗中的借物托讽不同于“机神”，并不是偶触天机而达到的“人功与天机相凑泊”的结果，而是故意写得很隐晦，即“故作神语，以乱其辞”。

曾国藩一生致力于精研《周易》，且十分迷信，遇事喜占卜，对谶语一说也是深信不疑。例如，他在咸丰九年（1859）四月二十三日的家书中曾说：

> 澄弟信中变格谶语之说，兄早虑及之。七年闰五月十七初得谕旨时，正在白玉堂拆阅，叔父欲将此四字悬匾槽门，余不甚愿，亦未免中有所忌。然此等大事，冥冥中有主之者，皆已安排早定。[①]

信中所说“变格谶语”出现于咸丰七年（1857）曾国藩在家守父孝期间。因其父曾麟书曾于咸丰六年（1856）命六子曾国华带勇赴江西援军，因此咸丰帝颁给曾家的谕旨中有赞曾家“一门忠义”之四字。一年以后，曾国华在三河战死，曾国藩即视此四字为谶语。

因此，曾国藩的“机神”说实际上是与诗谶说一脉相通的。当他于同治七年（1868）再上焦山时，焦山八字已经应验了同治四年（1865）春天以后的一系列变故。八个大字中隐藏的凶险信号，就是他于三年前偶遇的天命示警的征兆。“机神”说应是他被焦山诗谶所触动的有感而发。

四、赵烈文的东游诗与同治六年《能静居日记》中的蛛丝马迹

离开焦山以后，曾国藩又携幕僚们游览了无锡、苏州、昆山等地。闰四月初九日，当东游队伍到达三江口时，曾国藩的幕僚赵烈文创作了题为“奉陪湘乡相国东游赋呈兼柬同行诸君子，再次前韵”的诗作一首。诗的前半段为出游场景以及对曾国藩往昔战功的赞颂。后半段为：

> 每言成败属运定，细事矧尔还疑猜。町畦尽辟外无际，圭璧自严中不隤。
> 因时欣戚责成物，务与遗子同欢哀。长江大湖浩呈秀，旭日晴宇清无霾。
> 纡妍直与至文合，皎洁许共胸怀皑。鲰生无能厕陪列，日奔疏厉叨尊杯。

① 曾国藩：《曾国藩全集 20》，岳麓书社，2011 年。

人间适意会有几，况睹隆郅时风开。行看迩俗定移易，远轶秦汉追豳邰。①

此段大意为：人们常说成败皆由命中注定，但可笑（“矧”通“哂”）的是对于细微的小事也要猜疑。只要恪守行为准则、加强自身道德修养，就不会到一败涂地的地步。要根据得势、失势的不同境遇要求自己有不同的成就，失势时也要将清白的家声留给子孙后代。“纡妍直与至文合，皎洁许共胸怀皑”句，旨在证明曾国藩的清白，意指焦山一带曲折壮美的风景与最美好的文字相合（此处“至文”应指李白的诗句），曾国藩的胸怀与无霾的旭日晴宇一样清白。在这首公开寄送的诗作的结尾，赵烈文提出了光明的展望，“人间适意会有几，况睹隆郅时风开”，意指将来一定会有预示人生顺利的征兆出现，也一定会出现预示国家兴隆昌盛、社会风气淳朴良善的吉祥之兆。

因此，赵烈文的东游诗也是曾国藩等曾视邓石如篆书石刻为诗谶的重要证据。

同治六年（1867）的《能静居日记》中记载了很多曾国藩与赵烈文之间有关天命的谈话，与东游诗中所表达的思想是一致的。

例如，赵烈文曾对曾国藩说，普通人才会在命运的主宰中沉浮，而有很高道德修养的“至人”，则可以不为运气所左右。“惟有至人，遗世独立，虽亦在运气之内，而不为运气所迁，所谓‘先天而天弗违，后天而奉天时’。”②

在《能静居日记》中，曾、赵二人关于国运和个人命运的交谈绝大多数集中于同治六年，这固然部分出于二人根据内忧外患的国内形势所做出的推测，但由于二人同样热衷于精研《周易》及卜筮之学，应该也有受焦山诗谶影响的因素。

李白《饯李副使藏用移军广陵序》中提到了功高震主者最终都没有得到善终，而与李藏用同样自募兵勇挽救清王朝于危难之中的曾国藩，同治四年（1865）春天在焦山看到这八个大字以后，不久也移师北上。李白的诗序最终成为李藏用因诬枉而死的谶语，一千多年后，来自诗序中的八个大字再次应验了同治四年春天以后的一系列变故，笃信天命而又十分迷信的曾国藩一定会担心这八个大字也会是自己的死亡之谶。

在同治六年《能静居日记》的记载中，身心交瘁的曾国藩曾多次提到“愿夙

① 赵烈文：《能静居日记·第二册》，岳麓书社，2013年。

② 赵烈文：《能静居日记·第二册》，岳麓书社，2013年。

（速）死”[①]“惟祈速死为愈”[②] 等语。

六月二十一日夜，曾国藩来与赵烈文久谈，恰巧一颗流星划过天空，落在西南角，曾国藩笑着对赵烈文说：“岂吾死征邪？如数日内可以比附，君为志，必书此，第恐紫微星落，吴中高士求死不得耳。”[③]

七月十四日这天傍晚，二人再次谈到了有关生死境界的问题。这时，忽然风起，露台摇晃起来。赵烈文对曾国藩说了一段意味深长的话：

> 人生天地如一叶，生死之在俄顷，若不于己躬下事用心捡点，徒在妄想中毫分（缕）晰，幻益生幻，安有穷期，可为喟然。[④]

曾国藩听完，“颔首不语，复言时事”[⑤]。

第二天下午，曾国藩又来找赵烈文久谈。这天的《能静居日记》对其他谈话内容只字未提，只记载了曾国藩所谈关于咸丰八年（1858）在老宅中观看扶乩的往事。这件事他在同年十一月（1872）给三位弟弟的家信中也曾提及：

> 今年四月，刘昌储在我家请乩。乩初到，即判曰：“赋得偃武修文，得‘闲’字（字谜败字）。”余方讶“败”字不知何指。乩判曰：“为九江言之也，不可喜也。”余又讶九江初克，气机正盛，不知何所为而云。然乩又判曰：“为天下，即为曾宅言之。”由今观之，三河之挫，六弟之变，正与“不可喜也”四字相应。岂非数皆前定耶？[⑥]

九年之后曾国藩再次与赵烈文提及此事时，又说道：

> 是年十月，遂有三河之难，李迪庵所部平江州之师皆死之，吾弟温甫亦与，其效验昭昭如此。且先半载知之，则世俗所云“冥中诸神造兵死册籍”等语，非为荒唐之说矣。[⑦]

曾国藩认为，此次扶乩既预见了半年后三河之役的失败，也预见了曾国藩之弟曾国华的战死。他重提此事，似乎是想向赵烈文证明，“焦山之谶”并不荒唐

---

① 赵烈文：《能静居日记·第二册》，岳麓书社，2013 年。
② 赵烈文：《能静居日记·第二册》，岳麓书社，2013 年。
③ 赵烈文：《能静居日记·第二册》，岳麓书社，2013 年。
④ 赵烈文：《能静居日记·第二册》，岳麓书社，2013 年。
⑤ 赵烈文：《能静居日记·第二册》，岳麓书社，2013 年。
⑥ 曾国藩：《曾国藩全集·家书上》，河北人民出版社，2016 年。
⑦ 曾国藩：《曾国藩全集·家书上》，河北人民出版社，2016 年。

虚幻，不仅预示天下的盛衰，也是他个人命运的征兆。

五、关于焦山石刻最终被曾国藩毁去的蠡测

“海日夜色，云帆中流”，文字中所暗藏的阴阳交替、盛极而衰的含义，很容易让曾国藩和赵烈文将其与清王朝的国运联系起来。同治六年（1867）六月二十日，赵烈文在与曾国藩的一次交谈中，甚至提出了清王朝国运“殆不出五十年矣”① 的预测。尽管曾国藩也有同样的疑虑，时常慨叹“吾日夜望死，忧见宗祏之陨”②，但正如赵烈文提出的个人的道德修养可以使人摆脱天命的束缚一样，曾国藩也认为，“国运长短，不系强弱，惟在上者有立国之道，则虽困不亡”③。

同治六年九月十四日《能静居日记》还有这样一段记载：

> 师又言：驻军祁门县时，祁门城在山下，形势局蹙不可守。吾与人言，此城复安所用，不如毁之。邑人有知之者，公禀称县在国初曾中乡榜，自康熙年江西某人为县令，造此城垂百数十年无一人，如主持毁拆，百姓无有乐从云云。吾遂令拆城造碉以资守御。事讫，邑人复禀请撰记，吾批禀牍后作谣谶语四句云：“拆去西北城，几几出科名。东南留一节，宝贵永不歇。”自批后甲子科祁门获隽三人，今科复中二人，足见形家言亦有足征者。余曰：此段佳话宜勒石埋之祁门，数百年后亦诸葛碑之亚也。师狂笑而去。④

曾国藩这段话意在表明，人为制造的谣谶并不是真正的天命，不会发挥预言性的作用。祁门县科举忽然兴起的原因，是因为他改善了县城的风水，并不是他制造的四句“谣谶”的结果。

焦山八字具备谐音、隐喻等谣谶的构成元素，“海日夜色”除了暗含盛极而衰之意外，其中阴盛阳衰的喻义也很容易让人联想到慈禧的专权；而“帆”与“藩”谐音，“中流”又有“正道”之意，很容易被牵强附会为有政治目的的谣谶。另外，从赵烈文的东游诗中“每言成败属运定，细事矧尔还疑猜”句可以推想，当时关于“焦山之谶”的风言风语可能已经开始在一定范围内传播。这不但有可能以制造谣谶、意图不轨的罪名给曾国藩带来杀身之祸，流传至后世，也可

---

① 赵烈文：《能静居日记·第二册》，岳麓书社，2013 年。
② 赵烈文：《能静居日记·第二册》，岳麓书社，2013 年。
③ 赵烈文：《能静居日记·第二册》，岳麓书社，2013 年。
④ 赵烈文：《能静居日记·第二册》，岳麓书社，2013 年。

能会使后世之人疑心曾国藩对清王朝的忠诚。

李白诗序中的功高震主者皆因“疑谤”而死。曾国藩自募勇作战以来，也是“夙夜祗惧，最畏人言”[①]，因为“公论之是非，朝廷之赏罚，例随人言为转移”[②]。他认为，他与曾国荃兄弟二人都居于高位，且手握重兵，“门第太盛，即使事事谨慎，尚不免于疑谤，况时有检束不及者乎”[③]，再加上由于深受儒学浸养，他又极其看重忠诚二字，认为“古来贤将帅以流传万世，不过得一忠字之美名耳”[④]，所以一定不会允许有谣谶嫌疑的焦山石刻继续存在。

据《能静居日记》载，就在曾国藩同治七年（1868）四月二十九日于东游途中再上焦山的一个多月前，回乡扫墓的赵烈文在返回江宁途中曾先行登上焦山，并“复入定慧寺”[⑤]。不排除赵烈文此行即为毁掉焦山邓石如篆书石刻的可能性。一个多月后，曾国藩的东游队伍是庞大的，当这支队伍到达苏州时，各级官员、僚属“各复携其宾从，下迄舆台从兵，凡数千人，游观之盛，盖数百年而一见”[⑥]。一向行事谨慎而有节制的曾国藩，之所以有如此反常的兴师动众的行为，极有可能出于借此自证清白，同时有着将焦山邓石如篆书石刻已毁的事实迅速昭告天下的目的。而赵烈文将为证明曾国藩清白而作的东游诗制成诗柬寄送，也是出于同样的目的。

晚清以来在野史和坊间广为传播的，关于曾国藩的部将和幕僚曾劝其反清称帝，但曾国藩不答应的说法，或许即与焦山邓石如篆书石刻有关。

---

① 曾国藩：《曾国藩全集·书信八》，岳麓书社，1994 年。
② 曾国藩：《曾国藩全集·书信八》，岳麓书社，1994 年。
③ 曾国藩：《曾国藩全集·书信八》，岳麓书社，1994 年。
④ 曾国藩：《曾国藩全集·书信九》，岳麓书社，1994 年。
⑤ 赵烈文：《能静居日记·第二册》，岳麓书社，2013 年。
⑥ 赵烈文：《能静居日记·第二册》，岳麓书社，2013 年。

第四章 安庆火药局

第一节 安庆菱湖嘴火药库旧址考

菱湖位于今安庆市区内，20 世纪 20 年代开辟为公园。旧时，菱湖地处老安庆城的北门外，城北名为南庄岭的高地连绵向东，伸入湖中，形成一块半岛，即菱湖嘴。菱湖嘴将菱湖与北面的大湖（又名段塘湖）分隔开来，中间仅有狭窄的湖口相连（图 4.1）。

图 4.1 1987 年菱湖嘴区域示意图

自清乾隆二十五年（1760）至 1949 年，安庆为安徽省会。晚清至民国初年，安徽陆军总火药库即位于菱湖嘴。该火药库原位于安庆东门内，名为新塘火药库。光绪二十三年（1897），安徽巡抚邓华熙将新塘火药库改建为银元局，将火药和军械移至菱湖嘴。据史料记载，光绪三十三年至三十四年（1907—1908）间，库内除了存放各种火药、药饼、枪药外，还有大量利代猛炸药、沙不乃尔子母弹、开花弹、药管、引火等[①]。

光绪三十四年（1908），安庆爆发了熊成基、范传甲领导的新军马炮营起义。11 月 19 日晚，分别驻守在安庆城西门外和东门外的马、炮两营相继发难，接着齐集北门外，准备夺取菱湖嘴火药库。当时库内有几十名防兵看守，范传甲的胞弟范传国在其中暗为接应，因此起义军兵不血刃，夺取了火药库。由于城内负责接应的革命党人无法按计划打开城门，起义军攻城不下，菱湖嘴火药库也再次被清军夺回，起义最终以失败告终。安庆新军马炮营起义是辛亥革命前新军的首次起义，极大动摇了清王朝的统治基础。

1911 年安庆独立前夕，吴旸谷等革命党人领导的起义军亦曾攻打菱湖嘴火药库，并引起了火药爆炸。

民国以后，菱湖嘴火药库仍然存在，库内的火药和军械常常被地方军阀偷偷贩卖，还曾因此发生两起爆炸事故。1923 年，军阀马联甲命人从库内运出大量枪弹到东门外的炮营，拆下弹头售卖，不慎发生爆炸，死伤搬运工百余名[②]。1926 年，军阀王普命人将库内旧火药运出偷卖，行至北门大街时亦曾发生爆炸，“殒命者约七八人，炸伤者共有二十八人之多”[③]。1938 年，菱湖嘴火药库最终毁于日军轰炸。

关于菱湖嘴火药库的位置，民国时期的官方史料有一致的表述。1915 年《怀宁县志》称：“火药库在北门外南庄岭东首，土名老勘。”[④] 并在附图中将其标注于南庄岭段，位于今安庆石化第一中学附近（图 4.2）。

1926 年火药爆炸事件后，社会各界纷纷声讨王普的罪行。王普为了平息舆论，假意命安徽省警务处长赵庆廷赴火药库查勘。1926 年 2 月 7 日《新闻报》刊登了赵庆廷的查勘结果，除说明了库内所藏火药品种和现存数量外，赵庆廷对火药库位置也有描述：“该库屋约数十间，地居菱湖之畔（皖垣名胜之一），库之大

① 冯煦：《皖政辑要》，黄山书社，2005 年。

② “中华民国史事辑要编辑委员会”：《中华民国史事纪要·中华民国十二年（一九二三）三月至四月》，（台北）“中华民国史料研究中心”，1986 年。

③ 《申报》，1926 年 2 月 2 日。

④ 朱之英等：《怀宁县志·卷十二》，江苏古籍出版社，1998 年。

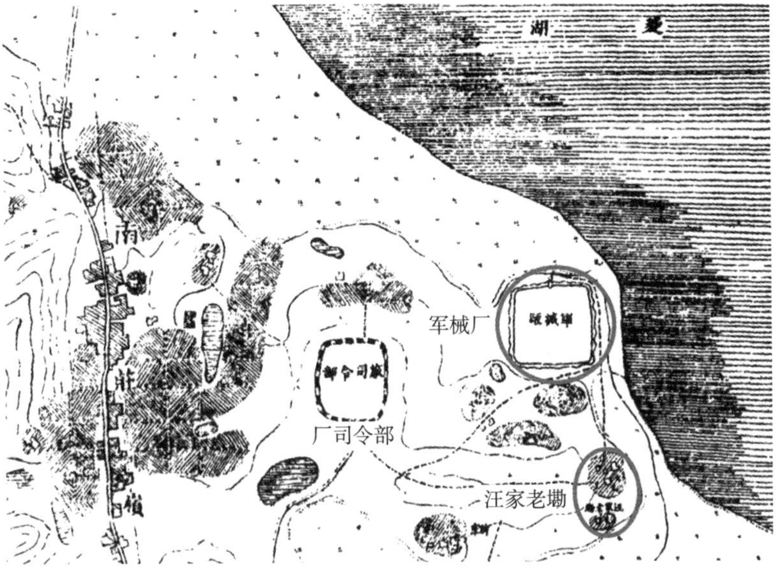

图 4.2　1915 年《怀宁县志》南庄岭段地图标注的火药库

门向北，正临大湖，库外重重壕沟，水深均及丈，药库在水之中央。”[①]

1931 年，安徽陆地测量局也在安庆南庄岭段地形图中，将火药库标注在与《怀宁县志》相同的位置（图 4.3）。图中火药库的名称标注为“第二武库”，原因是安徽军械局下属有两处军械所，另一处位于安庆城内。

火药库位于南庄岭的相关记载均来自民国时期官方出版物或地方官员之口。但笔者经过梳理史料和实地考证，发现这些记载都存在疑点或自相矛盾之处；同时发现，今菱湖公园盆景园内现存火药库相关遗存，其所在位置也与《皖政辑要》《申报》等史料记载相符。现将考证情况试述如下：

① 《新闻报》，1926 年 2 月 7 日。

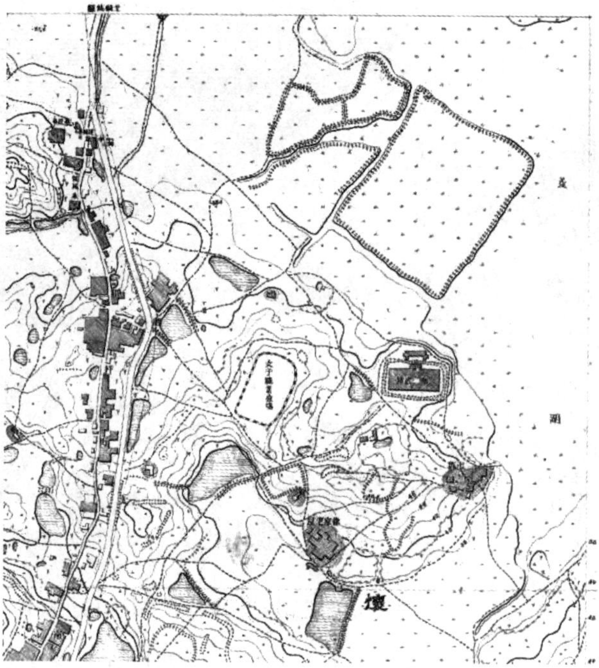

图 4.3　1931 年安徽陆地测量局绘制的安庆南庄岭段地形图局部

一、民国官方史料对菱湖嘴火药库名称和位置的记载与《皖政辑要》等晚清官方史料及清末民初非官方史料的差异

目前所见最早记载菱湖嘴火药库相关信息的史料为《皖政辑要》，主要成书于光绪三十四年（1908），由安徽巡抚冯煦主持编纂。书中记载："省城军械局为经理军装、器械之所。设总办一员，各项管理军械官均归节制。凡研究武备、修整器械、稽查库储及筹划调查一切责任，至为繁重。循皖省向设军械所之旧，光绪三十三年定名军械局。惟军火一项存储城北汪家塥火药库。"①

书中附有《军械局另储城北火药库数目表》，详细列出了城北火药库存储的军火种类和数量，并注明城北火药库"即汪家塥火药库，一名菱湖嘴"②。

① 冯煦：《皖政辑要》，黄山书社，2005 年。

② 冯煦：《皖政辑要》，黄山书社，2005 年。

马炮营起义被镇压后，两江总督端方和安徽巡抚朱家宝在联名奏折中亦称："皖垣火药库在城北菱湖嘴地方，为全省弹药所储"，"炮营叛兵即径向城外之菱湖嘴火药库劫取弹药，并将陆军小学堂军装一并抢劫"[①]。除此之外，朱家宝等关于马炮营起义的其他奏折、电文，以及众多马炮营起义参与者的回忆文字等多称"菱湖嘴火药库"。清末民初《申报》等亦多作同样称谓，例如，1915 年，即民国《怀宁县志》编纂的同一年，《申报》曾记载一起菱湖嘴火药库爆炸事故，文中亦称"皖垣北门外菱湖嘴地方有火药库一所"[②]。

由上可知，菱湖嘴是安徽陆军火药库位置所在，也是最常用的名称，但 1915 年《怀宁县志》却不再提菱湖嘴之名，改称火药库位于南庄岭，将"汪家塅"也改为"老塅"。书中还附录了南庄岭地段简图，图中标注的"军械厂"即火药库，因为菱湖嘴火药库隶属于军械所，而军械所亦办理军械修理事务，故亦称"军械厂"（参见图 4.2）。

1926 年安徽警务处长赵庆廷的查勘说明、1931 年安徽陆地测量局绘制的地形图，均与《怀宁县志》一脉相承，与清末民初其他史料关于菱湖嘴火药库的名称和位置记载有较大差异。

二、菱湖与段塘湖（大湖）水域的划分以及 1915 年《怀宁县志》中的自相矛盾

菱湖和大湖原是一整片天然湖泊。明代至清康熙年间各版《安庆府志》统称其为莲湖，又称段塘湖。清康熙年间，乡民围圩改湖，并在南面的内湖引种红白两色莲花，内湖渐渐与外湖区分开来，成为风景优美的名胜之地。内湖和外湖以菱湖嘴半岛为界，北面水域更宽阔，称大湖或段塘湖，南面较小的水域称菱湖（今贯穿两片水域的南北向的湖心中路为 1958 年后填筑而成）。

康熙以降，各版《怀宁县志》均对南北两片水域予以不同的命名。康熙二十五年（1686）《怀宁县志》延续了明代府志的说法，统称南北水域为莲湖："城东十有二里曰莲湖。其上割江水，其中出长枫，其下趋梅林，达于枞阳，入于

---

① 端方、朱家宝：《江督皖抚奏皖省兵变一律肃清情形折》，《南洋兵事杂志》，1909 年第 32 期。

② 《申报》，1915 年 8 月 5 日。

江。"[1] 但同时也明确指出南片水域名为菱湖："菱湖，皖东郭外南湖也。"[2] 道光五年（1825）《怀宁县志》亦记载："其虽由江潮倒灌，仍有山源者谓菱湖，在东郭外，新寨岭以东至南庄岭诸水注之，由段塘湖出长枫港。"[3] 民国时期《怀宁县志》亦作相同区分。

晚清以降，有时为了便于称谓，也会以菱湖统称南北湖面。例如，曾国藩在安庆期间的日记和书信中，就统称南北湖面为菱湖。近年来，安庆市政府对南北两片湖面进行整体开发，也将整个水域统称为菱湖风景区。但康熙以降直至当代，地方文献和坊间相传均能证明，当涉及具体湖面时，南北湖面仍分别称菱湖和段塘湖（或大湖）。

清末至民国史料也常将菱湖嘴火药库简称为"菱湖火药库"或"菱湖弹药库"，如安徽巡抚朱家宝在马炮营起义后致军机处的电文中称："菱湖火药库僻在城外，已仓卒（猝）不及防护。"[4] 1903 年 12 月 18 日《申报》载："省垣北门外火药库四围均凿深壕，以资防卫，迩者水源枯涸，浅不容刀，练军副营管带徐副戎因令麾下健儿凿通菱湖，俾水势汩汩而来，得以平堤拍岸，亦未雨绸缪之要政也。"[5] 1908 年 6 月 4 日《申报》亦曾记载："北门外菱湖火药库储积'利伐猛'炸弹，其性最烈，夏令雷电交作，更为可惧，亟宜早为防范。现军械所朱道恕拟于菱湖药库中建设避电针四杆，于本局后膛子库建设避电针一杆，凡遇雷声震动，即可引电下行。日菱湖药库均近水边，尤觉相宜，故已禀请抚宪饬匠建设矣。"[6] 这些史料充分说明，菱湖嘴火药库位于南片水域的菱湖岸边。

1915 年《怀宁县志》称火药库位于南庄岭，但在卷一标有火药库位置的南庄岭段地图中，所邻的北片湖却标注为"菱湖"。而在紧接其后的三张相邻地段简图中，同一片湖面却都仍然标注为段塘湖或大湖，涉及南片湖时才标为菱湖。同书"山川"一卷也称"南庄之南渚为菱湖"，"南庄之东北渚为段塘湖"[7]。标注火药库位置的南庄岭段地图显然与同书中其他地图和文字记载相矛盾。1931 年，安徽陆地测量局绘制的地形图沿袭《怀宁县志》，将火药库标注在南庄岭地段，相

---

① 裴国熙：《怀宁县志》，黄山书社，2014 年。
② 裴国熙：《怀宁县志》，黄山书社，2014 年。
③ 王毓芳：《怀宁县志・卷五》，道光五年（1825）刻本。
④ 中国史学会：《中国近代史资料丛刊・辛亥革命・第一册》，上海人民出版社，1957 年。
⑤ 《申报》，1903 年 12 月 18 日。
⑥ 《申报》，1908 年 6 月 4 日。
⑦ 朱之英等：《怀宁县志・卷二》，江苏古籍出版社，1998 年。

邻的湖面亦标注为菱湖，而同时期其他地形图仍以段塘湖（或大湖）标注北片湖面。

前述 1926 年《新闻报》刊载的安徽警务处长赵庆廷关于火药库的位置描述亦延续了《怀宁县志》的说法，称火药库“大门向北，正临大湖”，但又称火药库位于“菱湖之畔”，而《怀宁县志》标志的火药库位置距离菱湖有二三里之遥，赵庆廷显然也沿袭了《怀宁县志》的自相矛盾。

三、菱湖公园盆景园所在地为菱湖嘴火药库旧址的依据

第一，盆景园留有防火沟遗迹和高度疑似避雷针接地体的遗存。

近代火药库常在四周挖一周沟渠，引水灌之，可以起到军事防卫作用，万一发生爆炸，也可以防止火灾蔓延。夏季，守库士兵还可以就近在水壕中取水，喷淋火药库外墙，以降低温度，防止火药因温度过高而爆炸。清末江南制造总局就曾在火药库外墙外“掘沟积水以绕之”[①]，天津、上海、常州、芜湖、太平（今当涂县）等地的火药库周围也都曾挖有水壕。根据前述史料，菱湖嘴火药库同样“四围均凿深壕，以资防卫”。

在菱湖公园盆景园的前方和两侧的前半段，残留一条宽三四米的水壕（后半段水壕可能毁于日军轰炸或菱湖公园的早期建设）（图 4.4、4.5）。1915 年《怀宁县志》等史料标注的火药库位于菱湖嘴半岛西北方之南庄岭。菱湖公园盆景园建设于 20 世纪 80 年代，位于南庄岭东南方向的菱湖边，与前者相隔两三里远（图 4.6）。

盆景园正处菱湖岸边，和湖面仅隔一条五六米宽的小路。如前所述，由于“菱湖药库均近水边”，1908 年 6 月，菱湖嘴火药库内安装了 4 杆“避电针”（即避雷针）。这 4 杆避电针为独立避雷针，即离建筑物有一定距离、有独立接地装置的避雷针。火药库、油库等易燃易爆品仓库设置独立避雷针，而不是装设依附于建筑本体的避雷针，更符合安全需要。笔者在盆景园内发现一个多年来遗留在此的圆形水泥墩（图 4.7），直径 100 厘米，厚 33 厘米。顶面套接由扁铁、角铁等焊接而成的网框，中心为带孔的圆铁，孔径 3 厘米，外边缘套接宽 4.6 厘米的角铁，中心的圆铁和边缘的角铁之间等距离焊接 6 条宽 3.6 厘米的扁铁。水泥墩内部亦交叉贯穿 2 根角铁。扁铁、角铁是传统避雷针接地体的常用材料，而此水

① 江南制造局考工处：《江南制造局记・卷二》，上海文宝书局，光绪三十一年（1905）。

泥墩与独立避雷针配套使用的闭合环形接地装置的结构特点相符，只要在中间的圆孔中安装高出建筑物的金属杆，就能起到引电避雷的作用。水泥墩质地粗松，夹杂较多大颗粒石子，边缘之局部已严重风化侵蚀。从形制来看，高度疑似清末菱湖嘴火药库中安装的“避电针”之接地体，而今天之所以能看到它立于此，可能是因为日寇轰炸或因盆景园早期建设使其露出了地面。

图 4.4　安庆菱湖公园盆景园大门及门前水壕

图 4.5　安庆菱湖公园盆景园南侧残留的水壕

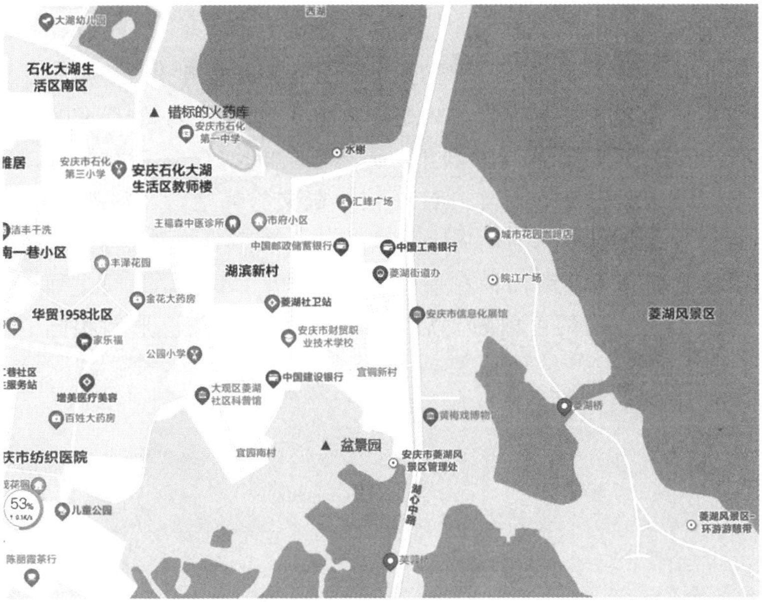

图 4.6 菱湖公园盆景园与民国官方史料标注的火药库位置关系

图 4.7 盆景园内高度疑似避雷针接地体的水泥墩

第二，老照片中盆景园所在区域旧有建筑和水壕影像，与《申报》所载火药库内建筑情况相符。

盆景园北面紧邻1921年反军阀的“六二”运动中牺牲的姜高琦、周肇基二烈士墓祠。墓祠始建于1921年，1925年重修，1934年再修，1938年毁于日军轰炸，1987年恢复。与姜、周二烈士一起参加“六二”运动并被反动军阀打伤的高琦小学（为纪念姜高琦而建）首任校长戴文秀回忆，1934年再修后的烈士墓祠，南面“左右各有亭一个，一为姜高琦的血衣亭，一为游览人的休息亭”[1]。而盆景园正位于姜高琦墓南面，在一张拍摄于1935年的姜、周二烈士墓休息亭的照片中（图4.8），隐约可以看到后方弯曲的水壕和两座形制相同的库房式样建筑。

图4.8　姜、周二烈士墓祠南面的游客休息亭（摄于1935年）

照片中两座建筑符合火药库建筑的特点，且与现存山东机器局火药库旧址的建筑样式十分类似。据《申报》记载，菱湖嘴火药库内“计屋三重，前重看守人

① 方兆本：《安徽文史资料全书·安庆卷》，安徽人民出版社，2007年。

居住，中后均储炸药火药”①。照片中的两座建筑应为火药库的中、后两重建筑，即库房，而看守人居住的房屋应位于照片中休息亭遮挡的位置。

第三，盆景园所在位置与《菱湖图咏》等晚清至民国时期各类非官方史料关于菱湖嘴火药库的记载相符。

晚清至民国各类非官方史料中关于菱湖嘴火药库位置的信息描述均与今天的菱湖公园盆景园所在地相符。

《菱湖图咏》出版于1929年，收录了江都（今属江苏扬州）人董玉书（字逸沧）与友人吟咏菱湖的唱和诗作、游记和画作等。董玉书于1901至1906年任安徽军械所总办。书中《阳湖左运奎迦庵菱湖泛舟记》一文，记载了1905年夏，董玉书邀好友左运奎、巴泽惠等到菱湖雅集时乘舟游湖的过程，其中涉及火药库方位的描述与盆景园所在位置相符。

> 出安庆北门，迤东五里许，有湖渟然，曰菱湖，大龙诸山之水所汇也。诘戎政者于其滨建库庋火药，库有余屋，居守者小葺之，可憩人。江都董逸沧适筦斯役（自注：时逸沧总办全省军械所，库亦隶焉）。
>
> ……
>
> 乙巳七月，雨新霁，逸沧担酒相召，舆而往。初行墟垄间，土花斑斑作赭色。才百武又折而南，遥见丛箐蓊郁，麦田鳞鳞，隙处露远山，有水一泓，心窃窃喜。及至其处，舍舆而步，则万荷接空，垂柳四合，乔木阴翳，大龙小龙，峥嵘环拱，如列屏幛。拍手大叫：“信逸沧不欺！”守者导入所居，虽卑隘，而城市卒无此境。且言曰：“是湖嘴，欲揽胜，利用舟。”湖固无舟，逸沧乃牒诸水军之既罢者，得双楫。乃召篙师，支短篷，穿荷叶中，衣发皆绿，随手摘莲藕，鲜脆可口，不知在何世。又拍手狂叫：“信逸沧不欺！”行里许，望空阔处，烟水浩森，舒桐一带，远山如淡眉……②

文中指出，菱湖嘴火药库位于“安庆北门，迤东五里许”的菱湖之畔，也可证明火药库并非位于北门外正北方向约五里的大湖岸边。董玉书因爱菱湖美景，令人将库中空置的房屋修葺一新，作为闲时休憩之所。其中“才百武又折而南”句，指董玉书等从北门出城后，沿着垄间小道走了大约百米远后，又折向东南。旧时，安庆北城墙西段向外凸出，北门正位于凸出部分，而菱湖位于北城墙外偏

---

① 《申报》，1915年8月5日。

② 董玉书：《菱湖图咏·卷一》，文盛书局，1929年。

东位置，与城墙距离不远。董玉书一行走出北门，百余米后即转向东南，也与盆景园位置相符。文中记载，一行人从火药库乘舟游湖，“行里许，望空阔处，烟水浩淼，舒桐一带，远山如淡眉”，指的是游船向东北行至菱湖与大湖交界处，董玉书等望向北面水域更为空阔的大湖所见到的景色。游船的行进路线也与盆景园所在方位相符。

1923 年 4 月 4 日《民国日报》记载了马联甲将菱湖嘴火药库中枪弹运出拆卸并偷卖，从而引发爆炸事件的原因。文中记载，安庆地方士绅鼓动军阀马联甲“将菱湖公园附近之火药库，准予改为功德祠，供奉倪（指军阀倪道烺）马之长生禄位”。倪道烺和马联甲都是在安庆“六二”运动中屠杀学生的反动军阀，是杀害姜高琦、周肇基两位烈士的刽子手，因此，文章作者讥其“以与姜高琦、周肇基之墓互相辉映、遗臭万年”①。由于菱湖地区风景优美，19、20 世纪之交，官方机构和私家园林纷纷选址于此，而彼时大湖周边尚未开发，倪、马二人不太可能将功德祠建于彼处。菱湖公园兴建于 1920 年左右，初建时规模较小，因此文中称火药库位于“菱湖公园附近”，亦与今日盆景园所在位置相符。

另有冯自由《革命逸史》记载的马炮营起义十三条作战密令中的第五条称：“炮营先徒手出营，至马号举火，以作全军出发之号令，举火后，至北门外陆军小学堂夺取步枪，得枪后，旋至该小学后取子弹进城，以一队守南门，两队巡街。”②

安徽陆军小学堂位于今菱湖南岸的安庆师范大学老校区内，与盆景园隔湖相望，有湖间小径相连。作战密令中称“至该小学后取子弹进城”，亦与盆景园所在位置相符。而 1915 年《怀宁县志》和 1931 年地形图中标示的火药库位于大湖南岸，与菱湖南岸的陆军小学堂有五六里之遥，显然与此记载不符。

1906 年接替董玉书担任安徽军械所总办的是近代著名诗人、四川大学首任校长何维棣。何维棣《煮冰词》中收录有《金缕曲·皖城军械局作》一首：

> 湫隘嚣尘里，是当年，霜戈雪戟，粤氛遗垒。蕞尔孤城无隙地，自昔因循于此。短垣外，炊烟连里。倚阁江天揩倦眼。拥龙山，秀黛隆隆起。数椽屋，补苴耳。
>
> 旧时火库菱湖嘴，到而今，挈瓶固守，个中堆委。霹雳万箱连画栋，旁

---

① 《民国日报》，1923 年 4 月 4 日。

② 冯自由：《革命逸史·第 5 集》，中华书局，1981 年。

穴蛇狐鼠蚁。更佩带，衣囊如绮。血染苌宏犹未碧，算此番幸报平安矣。司笼钥，毋儿戏。[1]

彼时菱湖南岸湖畔为安徽武备学堂（前身为敬敷书院，后改为安徽陆军小学堂），与菱湖嘴火药库隔湖相望，有湖间小径相连，“霹雳万箱连画栋”即指此景，充分证明火药库位于开发较早的菱湖之滨，而不是更为避远、彼时仅有村舍的大湖（段塘湖）岸边。

咸丰十年（1860），湘军合围安庆，太平军为解安庆之围，曾在大湖和菱湖岸边建造 18 座营垒。曾国藩占领安庆后，在安庆建造 5 座火药库房，安庆东门内的新塘火药库即为曾国藩所建。据史料记载，新塘火药库原有火药库房 3 座，而菱湖嘴火药库内恰好有 2 座火药库房，结合词中“粤氛遗垒”“自昔因循于此”“旧时火库菱湖嘴”等句，可以推断菱湖嘴火药库为曾国藩在太平军营垒基础上改建的。

第四，盆景园所在地属于汪家墈区域，与《皖政辑要》中菱湖嘴火药库又名汪家墈火药库的记载相符。

《皖政辑要》称菱湖嘴火药库即汪家墈火药库。《怀宁县志》称火药库所在地“土名老墈”，但在同书收录的南庄岭段地图中，“军械厂”（火药库）东南的坡地却标注为“汪家老墈”。“老墈”之名亦曾见载于《申报》等史料，但“汪家老墈”一名却未曾见于其他史料。1931 年南庄岭段地形图上，这块坡地也标注为“老墈”，而非“汪家老墈”。

“老墈”是否又名“汪家老墈”？又是否即“汪家墈”？

笔者将 1931 年安庆地形图中南庄岭段和菱湖嘴段拼接后（图 4.9）发现，图中南庄岭与菱湖嘴两地交界处有一块未标注名称的高地（位于今安庆市区双岗路口），西南紧邻位于原安庆纺织厂大门附近的汪家塘（现已填平），其东北部分位于菱湖嘴区域内，标注为“汪家”。而老墈（图中“老坑”为“老墈”之误）则位于大湖（段塘湖）边，且与无名高地距离较远，中间隔着一片名为“郭家冲”的墈间平地。由此不难推断，与汪家塘相邻且标注为“汪家”的无名高地即汪家墈，而盆景园就在这块高地与菱湖之间的坡岸上，与《皖政辑要》关于菱湖嘴火药库又名汪家墈火药库的记载相符。从这张地形图和前文提到的老照片上，能看出盆景园所在地旧时为一处水边台地。但由于日军轰炸和百年来的改建等原因，盆景园区域的地貌已变得平缓。

---

① 党跃武：《何维棣》，四川大学出版社，2014 年。

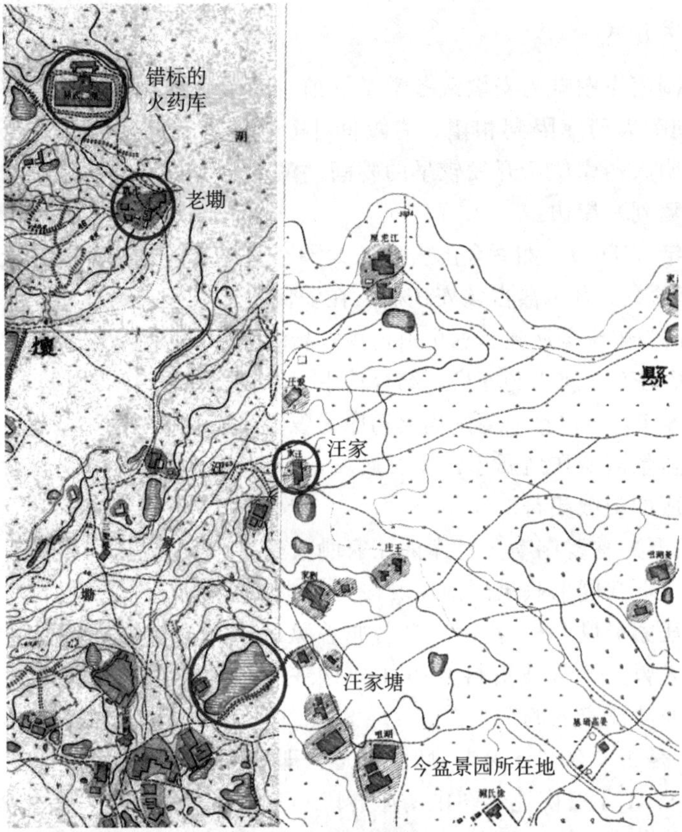

图 4.9　汪家塥地形图

四、1915 年《怀宁县志》等民国官方史料故意错标火药库位置与清末民初颁布的军事保密法规的关系

民国官方史料为什么故意将菱湖嘴火药库错标在大湖岸边?

晚清时期，面对内忧外患和国内舆论压力，清政府不得不进行法制改革，对沿用了二百余年的《大清律例》予以修订，任命沈家本、伍廷芳为修订法律大臣，并于 1908 年聘请日本法学家冈田朝太郎等参与起草《大清新刑律》。其中第五章《漏泄机务罪》第 135 条规定：“知悉收领军事上秘密之事项、图书、物件而漏泄或公表者，处二等或三等有期徒刑；其因职务知悉收领而漏泄或公表者，处一等或二等有期徒刑。"[①]

由于守旧派的反对，《大清新刑律》直到1911年1月25日才正式颁布施行。1908年9月26日，清廷陆军部根据尚未正式颁布的《大清新刑律》中"漏泄机务罪"相关内容，先行颁布了《陆军惩治漏泄军事机密章程》，规定对泄露军事机密的判处一年以上刑期，严重的判处死刑。

1912年，北京安徽法学社编辑出版的《刑法分则》，为冈田朝太郎在京师法律学堂授课的讲义，由近代法学家熊元翰（安庆宿松县人）根据笔记整理。其中对于"漏泄机务罪"中"军事上应秘之物件"的解释包括："堡垒炮台船舰之模型、专用军事炸裂药，及其他秘密军需品，属应秘物件。"[②]

菱湖嘴火药库不仅储存了大量军用火药、炸药，还有各种先进的西洋枪弹、炮弹，其相关信息理所当然属于军事机密，不能随意公布于众。1910年3月，英国驻中国使馆派人赴皖参观军队和学堂，陆军部专门致电安徽巡抚朱家宝，命他认真准备，"以重邦交而壮声势"，但同时也指出："惟炮台、军装火药库不许参观，俾昭慎密。"[③] 这进一步说明，菱湖嘴火药库作为安徽陆军总弹药库，在当时确实属于军事机密范畴。

1912年4月，北洋政府对《大清新刑律》略作修改后，更名为《暂行新刑律》公布施行。因此，1915年《怀宁县志》作为地方政府编纂的公开出版物，为了规避法律责任，故意错记了储存"军事上应秘之物件"的菱湖嘴火药库的位置。而《申报》作为信奉新闻出版自由的民间报刊，仍刊载了有关菱湖嘴火药库的一些真实情况。

于1908年编纂完成，详细记载了包括菱湖嘴火药库位置以及所存军械物资清单等重要军事内容的《皖政辑要》最终未能付梓，只留下抄本传世，是否亦与相关保密法规的颁布有关？限于主题，这里不就此问题展开阐述。

综合考辨1915年《怀宁县志》等民国官方史料存在的矛盾和疑点，以及证明菱湖公园盆景园为菱湖嘴火药库旧址所在地的各类史料，笔者认为，由于军事保密法规的颁布，1915年《怀宁县志》出于规避法律责任的目的，故意将菱湖嘴火药库错标在南庄岭段的大湖（段塘湖）南岸，并试图自圆其说，将大湖（段塘湖）错标为菱湖，将老堋错标为汪家老堋。此后，这一说法成为标准的官方口

① 沈家本：《大清刑律分则草案》，新学会社，光绪三十四年（1908）。

② 熊元翰：《刑法分则》，北京安徽法学社，1912年。

③ 《大公报》，1910年3月30日。

径。南京国民政府成立后，虽然库中所藏弹药不断被地方军阀贩卖，且战备作用日益降低，但火药库仍然存在，因此 1931 年安徽陆地测量局在绘制安庆地形图时沿袭了这一错误。根据本节所述史料考辨和实地考证结果，菱湖嘴火药库的真实位置应在菱湖岸边，为今安庆菱湖公园盆景园所在地。

第二节　从安庆火药局沿革看近代军用火药安全防范

安庆火药局最早约设置于清康熙年间，为火药制造机构，局址位于城东枞阳门内的新塘边。此后的雍正、乾隆、嘉庆三朝，清王朝处于空前统一、相对和平的时期，军备废弛，火器和火药技术的发展基本处于停滞状态。直至晚清时期，社会动荡，各地火药局林立，安庆作为彼时的安徽省会及军事重镇，军用火药的制造存储尤为兴盛，城内新建了多处火药制造及存储场所，火药安全事故时有发生，给百姓的生命财产带来了巨大的损失。近代安庆老地图中曾标注为火药局的地点共有五处（晚清时期，人们常将火药制造和存储部门均称为火药局），这五处火药局有的为制造火药的碾造所，有的为存储火药的火药库，且相互之间多存在接续关系。本节将梳理近代安庆火药局的历史沿革，并对其中体现的晚清军用火药安全防范问题予以探讨。

一、新塘火药局的火药生产存储活动

咸丰十一年（1861）八月八日，湘军统帅曾国藩移驻安庆，以安庆为湘军大本营，开始为进攻江宁开展战备工作。他以两江总督的身份设置了安徽善后总局和安庆粮台作为战时后勤保障机构。安徽善后总局负责安靖地方、抚恤百姓，兼顾军需制造，下设五个分局，火药局为其中之一，仍设于枞阳门内新塘边（图 4.10）。安庆粮台下设外银钱所和外军械所（以与湘军大营内部所设内银钱所和内军械所区分），负责军米、火药、子弹及其他军需杂械的储存和发放，火药库由安庆粮台管辖。

同治元年（1862）三月以后，随着战事的推进，湘军的火药需求量大幅增长。曾国荃部围攻太平天国都城天京时，“每日用至七八千斤”[①]。而李鸿章组建

① 曾国藩：《曾国藩全集 26》，岳麓书社，2011 年。

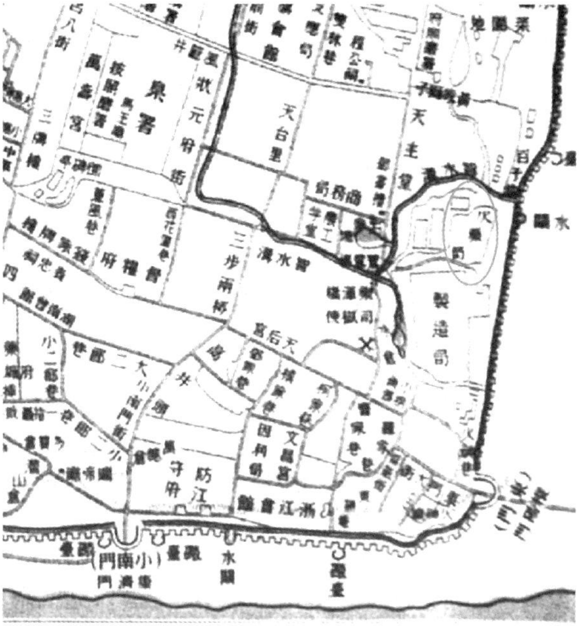

图 4.10　清末《安庆府城图》中标注的城东新塘火药局旧址（绘制于 1908 年前后）

的淮军从安庆出发东进上海后，也需要从安庆协解大量火药。因此，曾国藩开始在安庆扩大火药生产规模。除了增加火药生产设备外，还新建了五座火药库，其中三座位于新塘老火药局。经过增产扩建后，湘军的火药存储渐渐能够满足战事需要。同治二年（1863）四月十三日，曾国藩给江宁城外的曾国荃写信说："米粮子药均属充足，今年八月以内，此四项不虞缺乏。"① 同治三年（1864）正月初四的信中也曾说："银钱子药皆不短绌。"②

曾国藩新建的五座火药库中有三座仍位于新塘火药局附近，显然不符合安全需要。早在明崇祯末年，焦勖就在《火攻挈要》中提出了火药生产和存储相关的安全措施，并指出："最要紧者，药库不可同在造药之局，亦不可逼近人烟密处。"③ 曾国藩将造药局和火药库均建在安庆城内的新塘，应该是战时安全防卫

① 曾国藩：《曾国藩全集 21》，岳麓书社，2011 年。
② 曾国藩：《曾国藩全集 21》，岳麓书社，2011 年。
③ 何良焘等：《明清之际西法军事技术文献选辑》，湖南科学技术出版社，2019 年。

的需要，而安庆城地域狭小，也很难在城内能另觅新址。

清代长期使用石碾制火药，直至太平天国运动爆发后，才改用铜轮铁碾[①]，曾国藩在安庆亦采用铜轮铁碾法制造火药（图 4.11）。自咸丰九年（1859）起，湘军在武昌就采用此法：

> 以铜为轮，以铁为碾，圜地为大磨盘，以牛碾之。盘大径二丈三尺，周围七丈许。每盘用四牛，每牛连曳两轮。盘外周围漕沟约宽八寸许，火药在漕内，牛行漕外，驭牛之人行漕内，每牛以一人驭之。每两牛四轮之后，则有铲药者一人随之，执铜铲于漕内铲动，庶碾过之后，火药不患太紧也。凡大磨盘十座，皆用此法。又有小磨盘，磨磺与磨麦相似，仅用一牛。[②]

图 4.11　铜轮铁碾全图（引自《火药与火器》）

铜轮和铁碾在碾制过程中相互碰撞不会产生火星，与传统的石碾法相比更加安全，同时以牛为动力也可以大大提高生产效率。

---

① 郑诚：《火药与火器》，湖南科学技术出版社，2020 年。

② 曾国藩：《曾国藩全集 16》，岳麓书社，2011 年。

同治三年（1864）六月，曾国荃攻克江宁。九月，曾国藩将行署迁至江宁。随着太平天国战事的终止，安庆的火药储备已达到饱和，因此新塘火药局不久即停产，仅作为火药库使用。

新塘火药局和火药库因地处城内，又缺乏行之有效的安全防范措施，对于市民来说，火药爆炸的安全隐患及可能引发的火灾给他们的生命财产带来了巨大的威胁。光绪五年（1879），安庆城内外发生多起匪徒纵火事件，东门一带草房较多，为了防止火灾影响火药库的安全，地方政府命令新塘火药局附近居民拆除草房，每户发放补偿款二千文，有条件的另建瓦房，没有条件的迁址另建草房[①]。安庆地方政府没有致力于剿灭匪患或加强火药库安全防范，而是以每户区区二千文补偿款逼迫百姓盖瓦房或迁居，《申报》对此提出批评："今以防火之故而发此不情之令，能保民间之不怨声载道乎！"[②] 除了火灾外，偷盗也是火药库面临的安全隐患。光绪二十三年（1897）四月，火药库附近居民二人越墙入库意图行窃，不慎引起火药爆炸。所幸彼时库中火药等军械陆续运走，剩余火药不多，除了两名窃贼不幸丧命外，只炸毁偏屋一间（图 4.12）[③]。此外，火药库内部也缺乏安全管理措施，光绪十二年（1886 年），一位来安徽候补的官员携家眷居住在火药库内，某日因在库内试枪打靶，引起火药爆炸，其妻被炸死，自己也被炸得焦头烂额[④]。

二、安庆长江水师火药局的设置与迁建

太平天国运动被镇压以后，清廷拟将湘军水师改编为经制长江水师，并于同治四年（1865）批准了曾国藩有关长江水师的营制、衙署、经费等相关建议。曾国藩在奏折中提出，长江水师"须常设子药局，以资操演，而备不虞。查湖北省城、安徽省城造药均有牛碾，最为稳便。该二省应各设火药局，常川制造"[⑤]。

同治八年（1869），长江水师正式归标，成为直接隶属于清廷的"正规军"。安庆府设立副将，属湖口镇前营。水师副将署位于城西金保门内，不久又于附近

① 《申报》，1879 年 9 月 1 日。
② 《申报》，1879 年 9 月 6 日。
③ 《申报》，1897 年 5 月 25 日。
④ 《申报》，1886 年 4 月 17 日。
⑤ 曾国藩：《曾国藩全集 8》，岳麓书社，2011 年。

图 4.12 《点石斋画报》记载的光绪二十三年新塘火药库爆炸事故情形

的板井巷（今安庆城区德宽路西南）设水师火药局，仍用铜轮铁碾法制造传统黑火药，主要用于水师的日常操练。水师火药局初设之时，只有局署和碾造所，并没有存放火药的专用火药库。火药制成以后，要过秤装桶后运往“东门内火药三库收存”①，也就是运往新塘的三座火药库统一存储。

光绪三年（1877）三月二十六日夜间，水师火药局碾药所遭遇雷击，屋梁和墙壁坍塌，死伤十余人，周围房屋均遭不同程度破坏。因彼时正下倾盆大雨，所幸未引发火灾②。

光绪七年（1881）九月二十日下午两点钟左右，水师火药局再次发生爆炸事故，爆炸引发了火灾，整个碾造所和屋内的器具荡然无存，地皮下陷好几寸。幸运的是，由于当时正是放工午餐时间，局中匠役都在碾造所对面的局署内休息，得以逃脱灾难，只死伤了十余头拉铁碾的牛。爆炸也给周边的房屋和住户造成了

---

① 《申报》，1882 年 4 月 18 日。

② 《申报》，1877 年 5 月 14 日。

巨大的损失。十余人因此受伤，安庆名刹地藏庵和附近的慈云庵在事故中完全坍塌。城内建筑也受到爆炸影响，藩署的花厅被震倒，四牌楼正街的一家笔铺屋顶被一块从空中掉落的麻石击穿。城内外其他房屋受小损伤的不计其数[①]。水师火药局附近旧时是安庆的商业中心，商铺林立，幸运的是，在此次爆炸中除了个别房屋轻微损坏外，没有人员伤亡损失。商户们认为这是神灵护佑的结果，因此焚香张灯，集资延请道士斋醮七昼夜[②]。

爆炸事件后不久，水师火药局请求在原地重建碾造所，但时任安徽巡抚裕禄却决定易地而建，但他首先考虑的并不是碾造所与繁华商业区距离太近的潜在风险，而是认为水师火药局在板井巷设立仅几年时间就已发生两起事故，原因可能在于所处位置风水不佳，于是延请堪舆师勘察。堪舆师称此地为“长江来龙”与“白虎之冲”交汇之地，风水不利，于是另选“吉地”于地藏庵以北的将军冲，裕禄决定在此地重建碾造所，工程于第二年春天完工[③]。此地离城更远，位于马山山坳里，西临鸭儿塘，周围民居较少，客观上更符合安全需要（图 4.13）。同时考虑到如果按照旧例将制成的火药运至枞阳门内新塘火药库存放，在运输途中容易引发安全事故，于是又在水师火药局以东约一里的地段购地另建火药库一座，专门用于存放水师火药局制造的火药[④]。清末绘制的《安徽省城厢图》之《安庆府城图》中，在玉虹门内社稷坛东北标注有“火药局”（图 4.14）。此地约在今安庆市德宽路第一小学一带，为一块高地，离水师火药局正好约一里的路程，且正位于其东南方，应为水师火药库的位置。此地位于安庆城西门外的月城城门玉虹门旁，虽然地势较高，且位于清水塘畔，符合火药库建筑基本的防涝和消防安全需要，但此地与原板井巷碾造所相比离城区的距离更近。显然，彼时的安庆地方政府官员并没有对居民的生命财产安全给予应有的重视。安庆水师另建火药库，一方面是考虑到了频繁搬运容易带来重大安全隐患的因素；另一方面也是出于将长江水师火药库与作为陆军火药库的新塘火药库加以区分，同时亦达到方便驻扎于城西的长江水师就近领用的目的。

---

① 《申报》，1881 年 11 月 22 日。

② 《申报》，1882 年 1 月 21 日。

③ 《申报》，1882 年 1 月 8 日。

④ 《申报》，1882 年 4 月 18 日。

图 4.13　1915 年《安庆城厢图》中标注的将军冲水师火药局碾造所
（其西南靠近月城城墙处即为原板井巷火药局所在地）

但是，由于安全防范措施的缺乏，水师火药局既使是精心挑选风水吉地重建后，也没能避免安全事故的发生。光绪二十年（1894）八月初三中午，狂风突起，将飞沙吹入碾槽，与铜轮铁碾摩擦后产生火星，引起火药爆炸，共炸毁碾房八间，死伤局内工人五人①。所幸没有造成居民生命财产的损失。光绪二十三年（1897）十二月，火药局外堆放的柴垛忽然起火，各级官员亲自到现场组织灭火，但火势蔓延太快，数千柴垛及附近两家茅屋全部焚毁，所幸火势并未蔓延到火药

① 《申报》，1894 年 11 月 10 日。

图 4.14　清末《安庆府城图》中标注的西门外火药局（实为长江水师火药库）

局内，也未对一里地外的水师火药库产生影响。但火势初起时，赶来救火的居民听说起火地点为火药局，因害怕引发火药爆炸，便争相往回奔逃，由于安庆老城街巷多较狭窄，在混乱中发生了踩踏事件，受伤者不计其数[①]。

19 世纪下半叶以降，随着洋务派军工企业的不断发展，火药制造也更加精

① 《申报》，1897 年 5 月 25 日。

细化，上海、天津等地的军工企业开始使用机器制造火药，尤其是随着练军、新军开始使用新式武器，土制黑火药已经不能满足需要，越来越多的省份开始从上海、天津、江宁等地购买新式火药。光绪二年（1876），安庆制造局成立，专司军需制造，主要制造枪炮、子弹等，有时也制造火药，但主要还是采取购买的方式，尤其是一些新型火药。专门制造火药的新塘火药局不复存在，留存的新塘火药库隶属于安徽军械所，除了存储各类火药外，也存储各种军械。而长江水师改编后，逐渐沦落为维护长江治安的水上武装力量，武器装备十分落后，因此城西的安庆长江水师火药局仍继续生产土制黑火药，主要用于水师的日常训练。民国以后，长江水师改编为水上警察，火药库储藏的土制黑火药也逐渐失去了军用价值。

三、新塘火药库迁往菱湖嘴

太平天国运动爆发以后，为了防守的需要，各地官府兴建的火药库大多位于城内。19世纪下半叶以后，随着军用火药制造技术的发展，火药爆炸引发的灾害也越来越惨烈，关于火药库应建于城外人烟稀少处的呼声此起彼伏。光绪十九年（1893），曾出使英、法、意、比四国的都察院左副都御史薛福成上奏朝廷，提出应效仿西洋各国的做法，新建火药库务必选址于城外僻远之处，原城内火药库如因经费问题暂时不能迁移的，可将“尤为猛烈之物，分储远地”[①]。朝廷采纳了建议，下令：“著各该督抚酌核情形，相度地势，务择空廓僻静之处，妥为存储”[②]。但由于经费等多方面原因，直至光绪二十三年（1897），各地仍“尚未尽从”[③]。

光绪二十二年（1896）七月，邓华熙调任安徽巡抚，不久即在安徽开展了一系列变法运动，并于上任次年下令将新塘火药库改建为安徽银元局。当时的新塘火药库只剩两座库房，分别位于新塘两边，邓华熙下令填塘以扩大建设用地，并将火药库迁至城外。邓华熙思想开明，关注民生，他将火药库迁往城外，可能不仅仅是为了解决安徽银元局用地问题，同时也是出于响应朝廷谕令，加强火药库安全防范的举措。

---

① 《中国近代兵器工业档案史料》编委会：《中国近代兵器工业档案史料（一）》，兵器工业出版社，1993年。

② 中国第一历史档案馆：《光绪朝上谕档（第19册）》，广西师范大学出版社，2008年。

③ 《申报》，1897年3月21日。

邓华熙将火药库迁移到了菱湖嘴，因位于安庆城北的菱湖岸边，其地又名汪家塥，因此火药库名称为菱湖火药库、汪家塥火药库等。火药库位于菱湖岸边的高地上，是在太平军营垒的基础上改建的，周围有一圈水壕，不仅能起到防盗和军事防卫的作用，而且无论库内还是库外发生火灾，都能够防止火势蔓延。当时火药库旧有房屋三进，第一进为营房，后两进均为库房①。

20 世纪初，随着新军的崛起，各地纷纷采购外国的先进武器弹药来武装新军。从 19 世纪末开始，很多火药库实际上储藏的已经不仅仅是火药，还包括各种先进的子弹、炮弹、引火等军械。如武昌楚望台火药库，又名楚望台子药库、楚望台军械库。菱湖嘴火药库是安徽全省总弹药库，根据《皖政辑要》记载，除了存储有土制火药、洋药、无烟火药、药饼等各类火药外，还有利代猛炸弹、沙不乃尔子母弹、开花弹及各类引火②。

由于存储的火药越来越先进，药性越来越猛烈，清末火药库因爆炸引发的损失和伤亡也越来越严重，其中以光绪二十四年（1898）的杭州水星阁火药库爆炸和光绪二十六年（1900）江宁马鞍山火药库爆炸案尤为惨烈，引起了舆论的强烈关注。因此，清廷不得不加强火药库的安全防范，各地纷纷将火药库的安全防范制度化。在《北洋公牍类纂》中就收录了《军械库员司人等办法章程十五条》《炮务总理洋员哈卜门条陈火药防卫事宜饬局考查节略》等，均规定了军械库、火药库安全管理办法，如："火药库存储各种火药子弹引信等件，最忌受潮，亦最忌炎热之气内蒸，每届伏暑，更宜早晚启开库窗，以透清气。凡员司弁兵以及各处领缴军械人等出入库房，一概不准吸烟及身带火柴，亦不准穿钉靴钉鞋，以昭慎重。"③ 又如："火药无论存储箱桶或装枪弹炮弹，均须随时稽查，使药气散出，免致肇祸。"④ 光绪三十一年（1905），江南制造总局制订了《保险章程》八条⑤，对火药库的选址，屋面、药箱的材质等也做了符合安全要求的规定⑥。

① 《申报》，1915 年 8 月 5 日。

② 冯煦：《皖政辑要》，黄山书社，2005 年。

③ 《北洋公牍类纂·卷十二》，北京益森公司，1907 年。

④ 《北洋公牍类纂·卷十二》，北京益森公司，1907 年。

⑤ 1906 年 8 月 8 日《申报》记载："上海制造局魏观察允恭禀详江督称，自光绪三十年四月到差后，考查局中制造事宜，厂所林立，端绪纷繁，四十年来因革损益，叠矩重规，既无章程可考，亦无图籍可稽"，"因议创设考工处，编辑考工记略一书"。由"无章程可考"一句可知，江南制造总局《保险章程》八条编制于《江南制造局记》成书之时。

⑥ 江南制造局考工处：《江南制造局记·卷二》，上海文宝书局，光绪三十一年（1905）。

水星阁火药库和马鞍山火药库两次爆炸事故对外公布的原因均为雷击，事故发生后，《申报》刊文指出，应仿照“泰西各国”，“设避电铁条以防意外之祸”[①]。马鞍山火药库失事后，两江总督刘坤一于牛家岗附近重建火药库，并“拨巨资，委员赴沪购取避电针若干枚”[②]，安设于江宁的牛家岗、鸡鸣山、清凉山等处火药库。此后，江南制造总局也将设置避电针列入章程[③]。光绪三十二年(1906)，两江总督周馥再次奏请在两江属地各火药库安装避电针。安庆菱湖嘴火药库紧靠菱湖，更容易遭受雷击，因此于光绪三十四年（1908）五月亦安设了四杆避电针[④]。

虽然菱湖嘴火药库安全防范措施有所加强，但在清末革命浪潮风起云涌的背景下，存储了大量弹药的菱湖嘴火药库成为革命党人争夺的要地。1908 年 11 月 26 日，熊成基领导的安庆新军马炮营起义军曾占领菱湖嘴火药库。1911 年 10 月 30 日，为响应武昌起义，革命党人吴旸谷在安庆发动起义，为了夺取起义所需的子弹，亦曾对菱湖嘴火药库发动攻击，并引起了火药爆炸。但两次起义均以失败告终。

中日甲午战争期间，日本间谍窃取了大量中方军事情报，再加上革命浪潮的冲击，20 世纪初，清廷开始重视军事保密工作。光绪三十四年（1908）九月，陆军部颁布了《陆军惩治漏泄军事机密章程》，对泄露军事机密的予以重判。1911 年 1 月 25 日，苟延残喘的清廷颁布了《大清新刑律》，其中第五章《漏泄机务罪》第 135 条规定：“知悉收领军事上秘密之事项、图书、物件而漏泄或公表者，处二等或三等有期徒刑；其因职务知悉收领而漏泄或公表者，处一等或二等有期徒刑。”[⑤] 此后，安庆地方政府在地方志等公开出版物中均故意错记菱湖嘴火药库的准确位置，以规避法律风险[⑥]。

四、北洋军阀私卖火药军械引发的火药灾害

菱湖嘴火药库储藏的火药分为三种：土药、无烟火药、小粒洋药[⑦]，其中小

---

① 《申报》，1903 年 8 月 15 日。

② 《申报》，1900 年 12 月 4 日。

③ 江南制造局考工处：《江南制造局记·卷二》，上海文宝书局，光绪三十一年（1905）。

④ 《申报》，1908 年 6 月 4 日。

⑤ 沈家本：《大清刑律分则草案》，新学会社，1908 年。

⑥ 吴悦等：《安庆菱湖嘴火药库旧址考——兼及其与清末民初军事保密法规的关系》，《军事史林》，2021 年第 12 期。

⑦ 《益世报》，1922 年 3 月 24 日。

粒洋药爆炸力最强，且可用于新式枪弹。北洋军阀统治时期，派步兵一连驻守火药库，但历任安徽军事长官均将火药库中前清遗留的火药和枪弹炮弹等视为私产，多次私自贩卖，并引发了两次重大的爆炸事故。

1922 年，安徽督军张文生拟成立督销废火药处，将菱湖嘴火药库中的火药招商贩卖，安徽省商会、安徽省学生联合会、皖事调查促进会、省产监督会等团体群起反对。他们认为，彼时政局动荡，土匪横行，火药如果落入土匪之手，将会带来无穷后患，况且火药库为前清时公款制造，火药也均由公款制造或购买，即使要变卖，也要交给法定局所代售[①]。为了防止火药被土匪用于土枪土炮，省产监督会建议仿照江浙做法，从火药中提炼出硝再公估出售[②]。但张文生一意孤行，将火药低价承包给督署顾问余德民出售，余德民又将火药出售权转包给安庆荣盛祥杂货店老板谢锦堂等，在安庆东门内电灯厂设立督销废火药处。不久，由于奉直军阀混战爆发，安庆实行了长达数月之久的戒严，戒严期间，火药库无法打开。督销废火药处在此期间虽未开售，但由于设置冗员，仍产生了每月数百元的杂费，再加上开库售卖后火药销路不好，而谢锦堂所垫款项皆为挪借而来，眼见周转不灵，回本无望，其竟于 1922 年 8 月在荣盛祥杂货店内自缢身亡[③]。

1923 年，安徽督理马联甲欲将菱湖嘴火药库内的旧枪弹炮弹卖给日本人在上海开设的协记洋行，由于私自贩售军用品没有陆军部的批文，无法通关，于是命人从火药库内将马提尼枪弹及各种开花炮弹等共计一千余箱运到东门外的炮营，欲将火药从弹壳中倒出，冒充废铜以通关。乡民惧怕火药爆炸，不愿以身赴险，马联甲于是派军队“从电灯厂、省道局抓去工人数十名，犹不足，复用官场拉夫恶例，将街上卖菜担水推车抬轿等苦工捉去数十名，共计一百三四十名”[④]，锁住营门，强制他们工作。这些苦工由于缺乏火药处理经验，工作中不慎发生爆炸，死伤搬运工百余名[⑤]。

1926 年，安徽省长王普的弟弟、江防司令王世英与安庆商人毛兰芬勾结，欲将菱湖嘴火药库内旧火药运出售卖。第一天由挑夫搬运，第二天改为车运，当

---

① 《益世报》，1922 年 3 月 24 日。

② 《时事新报》，1922 年 4 月 18 日。

③ 《申报》，1922 年 8 月 7 日。

④ 《时事新报》，1923 年 4 月 18 日。

⑤ “中华民国史事辑要编辑委员会”：《中华民国史事纪要・中华民国十二年（一九二三）三月至四月》，（台北）“中华民国史料研究中心”，1986 年。

车行至北门外昌家坡时发生爆炸，“殒命者约七八人，炸伤者共有二十八人之多”①，另有十余家房屋被炸毁。

此后，南京民国政府亦曾于1927年、1930年等多次变卖菱湖嘴火药库中的火药。1938年，菱湖嘴火药库被日本侵略者炸毁。

综上所述，我们可以得出安庆火药局历史沿革的脉络如下：

安庆火药局原位于枞阳门内新塘，曾国藩驻守安庆期间，对新塘火药局进行了扩建增产，光绪二年（1876）安庆制造局成立后，新塘火药局仅作为火药库使用。光绪二十三年（1897），新塘火药库迁至菱湖嘴。清末新军兴起以后，菱湖嘴火药库除了存储火药外，也存储较为先进的枪弹、炮弹、引火等军械。此外，安庆作为长江水师的驻地，曾于19世纪70年代新建长江水师火药局，专门制造长江水师操练用的土制火药，并于光绪八年（1882）建造专用火药库一座。民国以后，长江水师改编为水上警察，长江水师火药局停产，火药库也失去了军事性质。

安庆火药局及火药库均位于水边高地，满足基本的防涝和消防安全需求，但新塘火药库长期位于城内，安庆长江水师火药库离城也较近，水师火药局缺乏安全生产规范，引发了多次安全事故。新塘火药库迁至菱湖嘴后，虽然避开了人烟稠密的城内，增加了水壕和避雷针等安全防范措施，但在晚清社会动荡的大背景下，也无法保证火药库的安全。

近代政局动荡，晚清统治者将镇压起义、维护其封建统治放在首位。虽然按照律令，各省官员如因疏于巡防造成火药爆炸并伤及人命的，主管官员及其上级都应受到革职或降级等处分，但实际上在此类案件处置中真正受到处分的多是看守火药库的下层小官吏。如光绪二十四年（1898）杭州水星阁火药库爆炸事件发生后，据《申报》载称，“毁屋至千余，伤人至数百口，肢骸满地，瓦砾盈场”②，但最终只是看守火药库的几名委员被革职。再加上火药安全生产和管理知识的缺乏，军用火药生产和存储的安全意识淡漠，防范水平较低，群众生命财产的安全得不到应有的重视，火药库安全事故不断发生。民国以后，北洋军阀统治时期侵吞公产、私自贩卖弹药的现象普遍，更是视人民生命如草芥。安庆是近代中国重要的火药生产和存储地，其火药局和火药库沿革情况折射了清廷和民国政府对火药生产及存储活动中安全防范措施的忽视，以及对人民生命财产安全的无视。

---

① 《申报》，1926年2月2日。

② 《申报》，1899年1月30日。

第五章　几个人物考证

第一节　潘汝杰与安徽银元局人事变迁及铸币情况

光绪二十三年（1897）二月，安徽巡抚邓华熙为了解决钱荒问题，向朝廷奏请购机建厂，铸造银元，得到清廷批准。同年三月，邓华熙“借拨藩库银一万两，支应、牙厘两局各银五千两，息借商款银六万五千两”①，在安庆东门火药库正式创设安徽银元局，并任命候补道潘汝杰为安徽银元局总办，赴上海向德商采购铸银机器。

由于原定于光绪二十三年八月到货的机器直到次年正月起才陆续运到，因此直至光绪二十四年（1898）三月十三日，安徽银元局才正式开炉铸钱。次年四月，因各省设局太多，银元分两、成色不一，不便民用，清廷下令仅保留湖北、广东两省银元局，裁撤其他各省银元局。六月二十五日，安徽银元局正式停铸。

安徽银元局从筹备到裁撤，总共两年多时间，其中正式鼓铸的时间也只有一年多，但在这段不长的时间里，局内人事和银元的版式都经历了多次变动。

一、安徽银元局舞弊案与机构换血

清末吴沃尧所著谴责小说《二十年目睹之怪现状》中，有一位贯穿全篇的反面人物——苟才，这位苟观察行止不端，善于钻营，精通拍马之术，故而一路高升，曾担任南京制造局总办等职，后因贪污受贿等恶行被弹劾撤差。苟才后来又打通关系，来到安庆，在安徽银元局担任总办，他找来曾在广东银元局犯事被革

---

① 冯煦：《皖政辑要》，黄山书社，2005年。

职的童佐闾作工匠，与之狼狈为奸，中饱私囊，每月贪污银子达二十万两。两年后，朝廷派来钦差查办，他又花六十万两银子买通了钦差，保全了功名。

《二十年目睹之怪现状》是一部自传体小说，人物大多有原型，这位苟观察的人物原型即为曾担任安徽银元局总办的广东人潘汝杰。小说中苟才到安庆后，曾赴上海采办铸币机器，以及曾担任南京制造局总办等情节，与潘汝杰的经历有相似之处。

经过查阅史料，笔者发现，潘汝杰在安徽银元局贪腐舞弊的情节也是有事实依据的。

据《申报》记载，光绪二十四年（1898）六月，安徽巡抚邓华熙在安徽银元局进行了一次机构大换血行动，这次行动起因于一起“工匠舞弊”事件[①]，邓华熙“将局内监工及银库委员一律撤去，另委候补县黄大令瑞勋为提调，俞大令炳章司收发，常川驻局，每月薪水银四十”[②]。

《申报》并没有提及潘汝杰与舞弊事件有关，但此事件后，《申报》有关安徽银元局的报道中基本不再出现潘汝杰的名字，所涉及的银元局日常工作完全由银元局提调主持。一个月后，邓华熙又改任候补知府林载亨为安徽银元局提调，“新创银元局务”[③]。

七月十二日，邓华熙在《为呈送安省铸成银元式样并陈办理情形事奏折》中向清廷奏明：“现饬原办之潘汝杰将购机建厂经手款项逐一算明，期臻核实，而免含混。此后局务派藩司为督办，则豫筹铸款，饬属领用，呼应可以通灵。又派候补道员为总办，住局监察，立法严而流弊清。”[④]

此外，光绪二十四年（1898）六月底，邓华熙的广东老乡、时任汉阳铁厂总办兼粤汉铁路总董的著名实业家郑观应在一封给邓华熙的信札中写道：“今皖省银元局缔造已成，规模略备，但能再加考核，任用得人，即可收目前之效，日后更可获利无穷”，并建议邓华熙“饬该局总办将创办之费及商附股本并机器、厂房详造清册，呈报存案，并严饬其将逾期未到之机器速即催取交局，然后另委妥员核实查明，点收接管，严定功过赏罚”[⑤]。这封信出自《郑观应集》，原信并未

① 《申报》，1899 年 1 月 29 日。
② 《申报》，1898 年 7 月 6 日。
③ 《申报》1898 年 8 月 7 日。
④ 中国第一历史档案馆：《晚清各省铸造银圆史料选辑（上）》，《历史档案》，1997 年第 1 期。
⑤ 夏东元：《郑观应集·盛世危言后编（二）》，中华书局，2013 年。

注明时间，但此信下段提到："翁协揆已抵沪，观应趋谒之余承面谕云：'《盛世危言》一书经与孙尚书先后点定进呈，并邓中丞所上，计共三部，今上不时披览，随后必当有内召之旨。'等语。"[1] 查《翁同龢日记》，戊戌变法初期，翁同龢遭贬返乡，于光绪二十四年（1898）六月十八日途经上海，且日记中确实有与郑观应会晤的记载。由此可知，上述信札的时间应为同年六月底，即郑观应在安徽银元局舞弊案浮出水面后所写。

由上述史料可知，《二十年目睹之怪现状》中所描写的安徽银元局贪腐舞弊案确实是有史实依据的。舞弊案事发后，邓华熙撤除了潘汝杰银元局总办的职务，由布政使于荫霖任督办，负责财务，在局内同时设立总办和提调，总办负责监察，日常铸币事务由提调负责。

另从郑观应致邓华熙的信札中也可看出，彼时潘汝杰向德商订购的铸币机器并没有全部到齐，因此郑观应建议邓华熙"严饬其将逾期未到之机器速即催取交局，然后另委妥员核实查明，点收接管，严定功过赏罚"。安徽银元局曾向广东银元局借用三台机器，也应与此有关。直至当年十一月，潘汝杰才将逾期未到之机器移交至安徽银元局[2]。

二、银元局主要经办人简介

安徽银元局的人事制度以舞弊案为分界点，前期由潘汝杰任总办，"督办一切事宜"[3]，总管银元局财务、采购、铸币等各项大小事务，后期采取督办、总办、提调互相牵制的制度。

在安徽银元局存续的两年多时间里，先后产生总办二人、提调三人。总办前期为潘汝杰，后期为郑炳勋。先后担任提调的为黄瑞勋、林载亨、龙凤鑣。五人中除林载亨外，均为广东人。

潘汝杰，字作卿，生卒年不详，广东南海人，原本只是个监生，后通过捐纳的方式一路升至候补道。光绪十六年（1890）分发安徽候补，到皖后曾办理洋务、赈务、厘金、保甲等事务；光绪二十三年（1897）安徽巡抚邓华熙任命其为

① 夏东元：《郑观应集·盛世危言后编（二）》，中华书局，2013年。

② 当日报载"龙凤鑣知奉札委，验收银圆局潘道添购铸造大小机器"，舞弊案后潘汝杰已被撤去总办一职，结合郑观应《上皖抚邓筱帅书》所记，此次潘汝杰移交的大小机器，应为之前向德商订购的逾期未到的铸币机器。彼时龙凤鑣任安徽银圆局监工。参见《申报》，1899年1月6日。

③ 《申报》，1897年10月30日。

安徽银元局总办，次年六月被撤；光绪二十六年（1900）两江总督刘坤一奏请朝廷将其改发江苏补用，光绪二十九年（1903）任江南银元局总办。

郑炳勋，生卒年不详，广东香山人。由贡生于光绪五年（1879）报捐郎中，签分户部江西司，光绪十五年（1889）中顺天乡试副榜，光绪十八年（1892）报捐花翎，加捐道员，指分安徽试用，后接替潘汝杰任银元局总办。郑炳勋为郑观应同乡，曾在安庆为郑观应刊刻《陶斋志果》四卷。

黄瑞勋，生卒年不详，广东香山人，监生，后报捐候补县令。光绪二十四年（1898）六月任安徽银元局提调，仅任职一个月时间即被林载亨取代，光绪三十四年（1908）曾代理怀宁知县。亦为郑观应同乡，曾为郑观应所著《盛世危言》八卷本作后序。

林载亨，生卒年不详，字眉仲，广西贺县人。曾投效湘军，参加镇压太平天国运动，后因战功赏戴花翎，加候补道员、二品衔，历任江西南安府知府、安徽宁国府知府等职。光绪二十四年（1898）七月任安徽银元局提调，光绪二十五年（1899）六月离任。光绪二十八年（1902），安徽巡抚聂缉椝任命其为安徽铜元局提调。

龙凤镳（1867—1909），字伯鸾，号澄庵，广东顺德人，官至员外郎。其家族为顺德第一望族，世代显宦，藏书丰富。龙凤镳本人亦精于藏书，其藏书处名六篆楼。曾先后在安徽银元局担任银库委员、监工等职，光绪二十五年（1899）六月升任提调[①]，上任不到一个月，安徽银元局即被撤销停铸。

三、安徽银元局银元版式的变动

安徽银元局在一年多的时间里，先后铸有四套银元，分别为“带 ATSC 字母版二十四年安徽省造光绪元宝”“无字母版二十四年安徽省造光绪元宝”“戊戌安徽省造光绪元宝”“二十五年安徽省造光绪元宝”。至于传世的“无纪年版安徽省造光绪元宝”，笔者认为并非安徽自铸。

另外还有“二十三年安徽省造光绪元宝”样币存世，为德商代为试铸，未曾流通，亦非安徽银元局所铸。

潘汝杰定制的机器并没有在合同约定的光绪二十三年（1897）八月运到，但德商代制的样币却于当年七月先行到货，此样币即“二十三年安徽省造光绪元

① 《申报》，1899 年 7 月 31 日。

宝”。邓华熙见样币后，立即将已核定银元式样的消息出示全省各埠，表示“一俟机到厂成，即时开铸”，要求届时“廉薪俸饷及工食杂支等需，并得搭放典当出入。市廛贸易亦各一体遵用”[①]。

“带 ATSC 字母版二十四年安徽省造光绪元宝”，是安徽银元局最早铸造的银元。2009 年，创办于 1881 年的德国埃斯林根市奥图·拜赫公司对库藏的五大箱档案进行了清理，其中就有“二十三年安徽省造光绪元宝”和“带 ATSC 字母版二十四年安徽省造光绪元宝”的样币和祖模[②]。

潘汝杰在上海除了向德商定制机器外，同时也定制了币模，光绪二十四年（1898）正月间，运抵安徽银元局的除了“四十七箱”[③] 铸币机器外，也包括“大小钢模”[④]，而这些钢模，即为德商代制的“带 ATSC 字母版二十四年安徽省造光绪元宝”的祖模。

由于外国技师不熟悉汉字，我们从传世的银元实物上可以看出，这一版别的钱文书法较为草率，龙纹也刻画得较为粗糙，邓华熙不甚满意，开工铸造不久，即命潘汝杰寻找能够“精凿钢模”的工匠。

潘汝杰四处寻访，“易数人”，直至光绪二十四年（1898）五月，“始由寓沪慈溪银工朱芝芳精心刻镂，尅日告成，虽细若牛毛，恰又清同麃眼”，“神妙欲到秋毫巅也”[⑤]。潘汝杰大为满意，忙命其在限日内到安徽省会安庆报到。

但由于不久以后的六月即发生安徽银元局舞弊案，安徽银元局并没有立即改用朱芝芳刻制的钢模。在对局内人事进行整顿之后，七月十二日，邓华熙向朝廷呈送银元式样，并奏陈安徽银元局办理情形。其所进呈的银元式样，应为“带字母 ATSC 版二十四年安徽省造光绪元宝”。朝廷认为呈送的银元式样“龙纹尚欠精细，易启作伪仿造之弊”，并令邓华熙“督饬局厂各员认真经理，精益求精，务使纹理缜密，易分真伪，以期通行无阻”[⑥]。

同年十月，安徽银元局提调林载亨“仿照江南湖北之式另行改铸，龙纹字迹

---

① 《申报》，1897 年 8 月 28 日。
② 孙浩：《清末五省币模出处考》，《中国钱币》，2013 年第 2 期。
③ 《申报》，1898 年 2 月 5 日。
④ 《申报》，1898 年 3 月 4 日。
⑤ 《申报》，1898 年 6 月 1 日。
⑥ 中国第一历史档案馆：《光绪朝上谕档（第 24 册）》，广西师范大学出版社，2008 年。

均极精妙”[①]，并采用干支纪年，将“机模上年分改为‘戊戌’二字”[②]。此版银币（图 5.1）的钢模，是否就是出自潘汝杰之前从上海聘请的银工朱芝芳之手呢？史料无明确记载，但不排除此可能性。

图 5.1　戊戌安徽省造光绪元宝

林载亨于光绪二十四年（1898）七月任安徽银元局提调一职，而戊戌版银元始铸于当年十月，据此推测，林载亨上任后，在新钢模制成之前，为了将自己所铸银元与有舞弊行径的潘汝杰所铸银元区分开来，故而将原钢模上的“ATSC”字母去除。这就是“无字母版二十四年安徽省造光绪元宝”（图 5.2）的由来。

图 5.2　无字母版二十四年安徽省造光绪元宝

① 《申报》，1898 年 12 月 1 日。
② 《申报》，1899 年 1 月 29 日。

综上所述，可以推定，安徽银元局所铸银元，除了“二十四年安徽省造”两个版别的币模为德商所制外，其他版别的币模均制于国内。

安徽银元局开工后，尽管邓华熙多次发布示谕，下令与鹰洋及各省银元一体通用，但由于各省滥铸银元，且成色、分两参差不齐，因此各省银元除湖北、广东等省所铸情况稍好外，其他各省银元自铸造之日起，即不断贬值，如光绪二十四年（1898）七月十四日钱业公所牌示，“将鹰银龙银显为区别，午市鹰银作价六钱九分二厘半，龙银则仅作六钱七分六厘，每元相去至一分六厘半之多”①，因此商贾和百姓均不乐收用。

由于银元市场的饱和，安徽银元局铸造的各个版别的币种呈不断减少的趋势，“二十四年安徽省造”的两个版别均铸造了四个币种：七钱二分（一元）、三钱六分（五角）、一钱四分四厘（二角）、七分二厘（一角）。“戊戌安徽省造光绪元宝”只铸七钱二分和七分二厘两个币种。到了光绪二十五年（1899），就只铸造了“二十五年安徽省造光绪元宝”三分六厘一种小银元。

关于“无纪年版安徽省造光绪元宝”（图 5.3），笔者认为并非安徽银元局自铸。

图 5.3　无纪年版安徽省造光绪元宝

光绪二十三年（1897）二月，邓华熙向朝廷奏请购机建厂，同时将奏折咨送户部查核，朝廷准其所奏。不久户部又有咨令：“俟机器购到，即仿照广东、湖北办法，分两成色不得稍有轩轾，大小银圆钢模均须照北洋办法，錾明年分及安徽省造字样，铸就银圆式样送部查核。”②

① 《申报》，1898 年 8 月 14 日。

② 中国第一历史档案馆：《晚清各省铸造银圆史料选辑（上）》，《历史档案》，1997 年第 1 期。

由于户部咨令明确要求“錾明年份及安徽省造字样”，因此，安徽银元局在存续期间，应无铸造无纪年银元的可能性。

“无纪年版安徽省造光绪元宝”共铸造了五个币种，分别为：七钱二分（一元）、三钱六分（五角）、一钱四分四厘（二角）、三分六厘（五分）。曾有学者认为该版式为湖北代铸，湖北也曾发现出自武昌造币厂的“无纪年版安徽省造光绪元宝”的正面子模①。结合相关史料，笔者认为，“无纪年版安徽省造光绪元宝”应为光绪二十七年（1901）湖北代铸。

光绪二十五年（1899）五月，为了改变各省滥铸银元的局面，清廷颁布上谕：“湖北、广东两省铸造银圆，设局在先，各省如有需用银圆之处，均着归并该两省代为铸造，毋庸另筹设局，以节糜费。”六月，安徽银元局停铸，“所有委员、司事，以及工匠人等一律遣散，总办郑观察炳勋于本月十五日将局务交卸，禀由抚宪邓大中丞，另委他员前往将局屋封锁。”②

光绪二十七年（1901）七月，面对全国日益严重的钱荒，清廷再次颁布上谕，推行银元，并鼓励各省在湖北、广东两省附铸。“近年各省所铸银圆，惟广东、湖北两省成色较准，沿江、沿海均已通行，应即就该两省多筹银款，源源铸造，即应解京饷亦准酌量拨作成本。仍以每圆库平七钱二分为准，并兼铸小银圆以便民用而收盈余。”为了鼓励铸造银元，清廷承诺“每次报解京饷准其搭用三成”，“各省并可拨款附铸，不必另行设局，亦准搭解京饷”。同时，为了保证质量，还下令要严格奖惩制度，“着广东、湖北各督抚严饬局员多择良匠，加意铸造，务令成色丝毫无爽，益求精工。如查有参差不齐之处，即将经手之员严参重惩；其认真考核有利无弊者，酌予奖励”③。

早在安徽银元局设立以前，安徽巡抚邓华熙就曾两次拨款到湖北附铸，但彼时所附铸的都是钱文为“湖北省造”的银元。光绪二十七年（1901），朝廷颁布上谕鼓励各省到湖北、广东两省附铸银元，并着重强调银元质量和奖惩责任，因此，光绪二十七年（1901）湖北为安徽代铸钱文为“安徽省造”的无纪年银元，

---

① 张或定、张哨峰、张劲峰：《罕见无纪年安徽省造光绪元宝银币正面钢模》，《江苏钱币》，2009年第1期。

② 对照《申报》1899年8月9日第2页“近日省宪已奉明文，遂于上月二十五日停炉鼓铸，局中工匠及各项委员均已遣散矣”，此处“郑观察炳勋于本月十五日将局务交卸”应为“二十五日”之误。参见《申报》，1899年8月29日。

③ 中国第一历史档案馆：《光绪朝上谕档（第27册）》，广西师范大学出版社，2008年。

或许是出于明确质量责任的目的。也正因朝廷鼓励兼铸小银元以便民用，“无纪年版安徽省造光绪元宝”才铸造了五个币种之多。

第二节　潘汝杰的德政碑

德政碑又称“颂德碑”“遗爱碑”等，肇始于汉代，由地方士民为颂扬地方官政绩而立，内容往往极尽溢美之词，多有虚夸不实者。

德政碑的撰文者多为有名望的地方士绅，但如果撰文者明知碑主品行极其不端，却依然极尽吹捧之能事，难免会对其自身的声望有所影响。

安庆博物馆藏有一方“潘公观察德政碑”（图 5.4），由安庆著名儒商胡竹芗（名杰）篆额（碑额已失），撰文者为二甲进士、时任兵部主事的安庆名宦舒鸿贻。碑主“潘公”即曾任安徽银元局总办、在光绪三十四年（1898）舞弊事件中被皖抚邓华熙撤职的潘汝杰。

现将碑文照录如下：

潘公汝杰，字作卿，羊城人。始官工部，光绪庚寅年以记名道至皖，大府嘉其能，颇重任之治宇。耳公之名久矣，特以非公不至，古训有然，以故心焉慕之而未之见也。乙未秋，自瞻其言论丰采，而益倾慕其为人。兹据里人之言曰，公之接物也以宽，而操营防也则公，以皖省营务委之于公，公坚明约束，其于将士中有捏报溢额，虚糜军饷者，痛惩斥之。甲之制尤与营防相维，自编审视为具文，而奸慝之煽惑勾结者，内地之患更甚于外夷而兼之，利相因而害益除矣。且皖城之南隅道路崎岖，瓦砾丛集，商贾之往来辐辏于途者，蹶叹行路之维艰，自潘公莅任安庐滁和，时集巨赀以修葺之，而王道荡平，里人之言，如潘公获上之笃，皆由于得民之深也。若外此有负知遇者，吾知之矣，奔走之不暇，以便佞继之疾苦，则如秦人视越人之肥瘠，漠然不加于心，不知而弗为，不之论也。即明告以利之所（在），明告以害之所在，而故弗除，上或售其奔走便佞之欺，犹为之上剡章、登荐牍，不知袠语达天廷，而怨声塞于道路矣。然则洞悉民隐，而民受之于父母者，舍潘公其谁属哉！而维其所以故，则必与都人士往还，博采周咨而得之。昔汪辉祖著《学治臆说》尝曰，礼士为行政要务，士必不肯仆仆相见，冒昧陈言，愈况之，而踪迹愈远者，宜敬而信之，是岂于礼士之中又有者乎！里人其以

图 5.4　潘公观察德政碑

予言质之于公，公其以予言非世俗浮靡、谀词不寔者，比斯亦忻然乐也。

赐进士出身、兵部主事、武选司行走舒鸿贻撰文，五品衔训导程子箴书丹，监生胡杰篆额，五品衔候选巡检徐国顺、从九汪兆鸿较对，皖省士民敬立。光绪二十二年岁次丙申季春三月榖旦。

潘汝杰于光绪十六年（1890）到安庆，先后任营务处总办、保甲局总办、皖北牙厘局总办、安庐滁和道等职。清末吴沃尧《二十年目睹之怪现状》中的反面人物苟才，即以潘汝杰为原型。

小说中的苟才爱摆排场，他在担任江苏候补道期间，在府宅门口挂了一块店家招牌似的红底黑字的大牌子，上书“钦命二品顶戴，赏戴花翎，江苏即补道，长白苟公馆”（小说中苟才为旗人）二十个宋体字。

潘汝杰只是一名通过捐纳方式取得官位的候补官员，却急于沽名钓誉，找到舒鸿贻和胡竹芗这两位有名望的地方官绅为其树碑立传。

这块德政碑制成于光绪二十二年（1896），此时安徽银元局还未筹建，但舒鸿贻对其以往的恶名应有所耳闻，如按德政碑的通常写法对其极尽褒扬，自身声望必定会受其影响，但潘汝杰此时为具有二品顶戴荣衔的候补道，且经过刘坤一和沈秉成举荐，在军机处记名（记名候补官员如果遇有官缺，可由皇帝特旨授任），于情面上难以推托，于是，睿智的舒鸿贻采用了皮里阳秋的春秋笔法撰写碑文，明褒暗贬，既让潘汝杰无话可说，又让了解其品行的读者读出其中的暗讽之意。

舒鸿贻的春秋笔法，主要体现在以下两个方面。

一、强调所述功绩据于“里人之言”，在评议中明反衬暗反讽

在对潘汝杰功绩的述评中，舒鸿贻个人并没有对潘氏的功绩进行正面评议。文中对潘汝杰功绩的叙述主要为引用“里人之言”，主要有三点：一是“接物以宽”；二是任营务处、保甲局总办时能“坚明约束”；三是任安庐滁和道期间，集资修建了皖城南隅道路。但值得揣摩的是，文中无论是“里人之言”，还是评议文字，使用的绝大多数是反面素材。例如，关于潘汝杰的“坚明约束”，“里人之言”提供的事例为能痛惩“捏报溢额、虚縻军饷者”。对此，舒鸿贻指出：“甲之制尤与营防相维”，意指保甲局和营务处所具有的共同的职责——弭盗安民。他同时指出，自乾隆年间清廷废除人丁编审制度后，“内地之患更甚于外夷”，亦有内地“奸慝”与外夷相勾结者，保甲局弭盗安民的职责变得尤为重要。但文中紧接着列举的潘汝杰任安庐滁和道期间的政绩却是多次集“巨赀”修整安庆南隅的道路。晚清时期，皖省安庐滁和道兼理对外事务，舒鸿贻的评论不能不引人玩味。

此外，碑文还利用占全篇近四分之一的篇幅，谴责了阿谀奉承、欺上罔下、“有负知遇者”的“便佞”之徒，表面上是以此类人物反衬潘的政绩，实际上暗

讽了其真实嘴脸。文中所提及的被“便佞”之徒所欺骗，“犹为之上剡章、登荐牍”的长官，不由得让人想起多次荐保、重用潘汝杰的刘坤一、沈秉成、邓华熙诸位封疆大吏。

二、引经据典，明夸暗贬，与潘汝杰撇清关系

碑文甫一开篇，舒鸿贻即申明自己与潘汝杰并不相熟，虽表示“耳公之名久矣”（此“名”亦可理解为恶名），但为了遵循“非公不至”的古训，故而直至五年后，即为撰文之前一年，才与其相见。

“非公不至”典出《论语·雍也》：“有澹台灭明者，行不由径，非公事，未尝至于偃之室也。”说的是孔子的弟子子游在武城做长官时，有一天孔子问子游：“武城有人才吗？”子游回答：“有一个叫澹台灭明的人，从不走歪门邪道，没有公事，从不到我这里来。”

在用明反衬暗反讽的手法对潘汝杰的所谓政绩予以评议后，舒鸿贻假意写道：“然则洞悉民隐，而民受之于父母者，舍潘公其谁属哉！而维其所以故，则必与都人士往还，博采周咨而得之。”意指潘汝杰之所以能洞察民情，缘于其与“都人士”常相往来。“都人士”一词源自《诗经》，原意为都城的贵族，“博采周咨”一词引自清初汪辉祖的《学治臆说》，原句为“博采周咨，惟士是赖”，意指官员要多与有品行的士人来往，以广泛地获知民意。舒鸿贻借此暗讽了潘汝杰勤于钻营，结交权贵以谋利的本性。

接着，舒鸿贻又借用了《学治臆说》中关于官员应如何处理与士人关系的言论：“礼士为行政要务，士必不肯仆仆请见，冒昧陈言，愈亲之，而踪迹愈远者，宜敬而信之”。对比《学治臆说》相关原文，我们可以更清晰地了解文中的讽刺意味，兹将相关段落摘录如下：

> 第士之贤否，正自难齐，概从优礼，易受欺蔽。自重之士，必不肯仆仆请见，冒昧陈言，愈亲之，而踪迹愈远者，宜敬而信之。若无故晋谒，指挥唯命，非中无定见，即意有干求，甚或结交仆胥，伺探动静，招摇指撞，弊难枚举，是士之贼也。

大意为：士人队伍良莠不齐，对待士人不能一概礼待，否则奸佞之人会乘机招摇撞骗。而有品行的士人从不有意接近官员，对那些越是与其亲近，反而越注意保持距离的士人，应益加“敬而信之”。

此段除了继续暗讽，同时也是劝诫其他官员应亲近真正的“自重之士”，对

潘汝杰一类“士之贼”敬而远之。

文章首尾用典，互相呼应，表面上是对潘的褒赞，实际上暗讽其巧于逢迎、上下其手；同时，也成功地撇清了自己与潘的关系，避免世人将自己与行止不端之人有所关联。而这种明褒暗贬的用典，也为作者有意撇清提供了冠冕堂皇的理由，使得潘汝杰即便读出了暗讽之意，也只能“哑巴吃黄连”。

舒鸿贻在文章结尾写道：“里人其以予言质之于公，公其以予言非世俗浮靡、谀词不寔者，比斯亦忻然乐也。”表面上指因为有士行的人如《学治臆说》中所说，“愈亲之，而踪迹愈远”，因而不愿使用溢美之词，实际暗指自己与潘汝杰并无密切往来，所列政绩仅为道听途说，不足为信。

这块德政碑完成两年以后，潘汝杰因安徽银元局舞弊一案被撤除总办一职，又过两年再次经刘坤一保举去江苏另谋肥差，但他在安庆已然留下恶名，舒鸿贻通过明夸暗讽的春秋笔法，既挖苦了潘汝杰，也保全了自己的官声。潘汝杰本想欺世盗名，为自己树碑立传，却没料到反而遗臭万年。

第三节　三十万松竹主人

安庆博物馆藏有一块石门额（图 5.5），长 256 厘米，宽 50 厘米，石质为优质白色花岗岩，碑文依然清晰可辨，上书行楷“三十万松竹主人别墅”，署款“同治辛未三月，门人钱棨良题”。款后钤印二方，惜已漫漶不清。

图 5.5　安庆博物馆藏石门额

“同治辛未”即同治十年（1871），“门人”即门客之意。门客之风兴起于战国中期，封建时代，有势力的官宦贵族多养有门客，战国四公子孟尝君、春申君、信陵君、平原君都曾以养士闻名。在清代，门人又称幕僚、幕宾、幕友等，主要以朋友或宾客的身份向幕主提供顾问、文书等服务。

在安庆博物馆收藏的众多碑刻中，这块石门额颇为引人注目，不仅因为它较大的体量，也不仅因为那颇为清雅的字体，更多的是由于门额中蕴含的豪迈而又超逸的山林之气。当时安庆为安徽省会，很多高官显贵都曾在此置有房产，让人禁不住要联想，它曾经镶嵌在一处怎样匠心独运的园林式住宅的大门上？它的主人又是哪位品位不俗的高官显要？

关于这块门额的出处，历来多有猜测，流传最广的一种说法是，此别墅属于晚清安庆巨商胡玉美家族，为胡玉美创始人胡兆祥次子胡竹芗所建。但胡竹芗只是一名儒商，没有可能拥有幕僚，况且他本身即以书法闻名，曾在安庆城留有多处题刻，为自己的宅院题额一事似乎没有假手他人的必要。

笔者遍查史料，在中国国家图书馆馆藏中找到相关线索。

中国国家图书馆收藏有清代刻本《地理青囊玉尺度金针集》六卷，为一部堪舆学著作，由清雍正年间池州著名堪舆学家舒凤仪纂图，晚清徐州兵备道段喆注解，该卷于光绪十六年（1890）由徐州道署刻行，牌记上题：“板藏皖城三十万松竹主人之别墅”。“皖城”曾为安庆别称。笔者根据这条牌记的提示，并结合相关史料，最终确定，这本书的撰述者段喆即为“三十万松竹主人别墅”的拥有者。

段喆（1829—1900），字子奇，号小湖（一称筱湖），又号觉公、觉庵等，安庆宿松人，为李鸿章亲信，淮军重要将领，官至徐州兵备道。

据民国十年（1921）《宿松县志》记载，段喆“少负奇姿，有勇略，倜傥不群”，早年曾任福建漳州、云霄抚民同知及广州韶州府知府等职，后因故被革职，加入淮军，曾跟随左宗棠、李鸿章等参加镇压太平军和捻军的战斗。

同治四年（1865），段喆受李鸿章委派，赴福建厦门支援左宗棠围剿太平军，主要负责调拨船只和转运粮饷，并在追剿太平军的战斗中立下战功，李鸿章为其向清廷请奖，朝廷准其“开复原官，仍留广东尽先补用”。

同治七年（1868），段喆又跟随李鸿章在扬州俘获了与捻军汇合的太平军首领赖文光。同年，西捻军张宗禹部为解东捻军之围，出潼关向京城扑去，清廷急调各路督抚勤王，李鸿章由于行动迟缓，被同治帝拔去花翎，革去世袭伯爵，并褫去黄马褂。段喆见状，提出了分段筑城的策略，被李鸿章及各路督抚采用，段喆在筑城工作中负责的地段最长，地势也最为冲要。不久，运河之水陡涨，各路督抚乘机四路攻击，捻军被迫逃向海边，投海者不计其数。在此次战斗后期，淮军勋字营统领杨鼎勋因伤身亡，段喆在李鸿章授令下率勋字营继续战斗，立下了战功，被清廷授予“勃勇巴图鲁”（“巴图鲁”即蒙古语“勇士”之意）勇名，加布政使衔，诰封一品，授光禄大夫。

山东剿捻胜利后，段喆担任淮军勋字营代统领，驻防扬州，兼顾江南。后来勋字营调归盛军，李鸿章又命段喆赴江宁，在其一手创办的金陵制造局担任总办一职。

光绪十年（1884），段喆任徐州兵备道。徐州地处苏鲁豫皖四省交界之地，盐枭盗匪出没，百姓不堪其苦。段喆到任后，不仅组织团练，整饬巡防，平定地方治安；同时还整学校、修城郭、浚沟渠、平道路，并集巨资重修考舍，甚至于“公款不敷”之时，“继以私囊”，其“实政实心，为历任所未有”，因而得到了徐州百姓的爱戴。徐州现存为纪念西楚霸王项羽而建的著名古建筑戏马台之碑亭，即为段喆于光绪十五年（1889）重建，亭上“从此风云”四字篆额即为段喆所题。

李鸿章之所以对段喆扶持有加，除了因其“有勇略”“饶智计”外，也缘于其与段氏家族的深厚渊源。

段喆的父亲段光清（1798—1878），亦是晚清风云人物，字明俊，号镜湖，道光十五年（1835）举人，历任建德知县、鄞县知县、宁波知府、宁绍台道等职，后官至浙江按察使。因他能勤政为民，善断疑案，所到之处颇受百姓爱戴，被浙江百姓尊称为“段青天”，宁波百姓甚至曾为其建造生祠。咸丰九年（1859），段光清入京，先后被咸丰帝五次召见，并亲赐“平易近民”匾额。

段光清在浙江也曾参与镇压太平天国运动，他所著《镜湖自撰年谱》是研究太平天国运动的重要史料，其抄本现藏安徽博物院。另著有《吟梅草堂笔记》。

段氏家族是晚清宿松望族，段氏父子与左宗棠、曾国藩、曾国荃、刘坤一、李鸿章、赵畇（赵朴初高祖）等朝廷大员均有密切往来，尤其值得一提的是，段家与李鸿章、赵畇均有姻亲关系，段氏父子还曾为李鸿章做媒，因此李鸿章常亲切地尊称段光清为“段镜翁”。

赵畇的长女曾许配给段光清的次子段兴模，惜未及婚娶，段兴模即早亡，后赵氏为其守节终生。段喆与赵畇同在广东为官期间，李鸿章原配病故，其兄李翰章请段喆写信给段光清，求段光清做媒，请赵畇将次女赵继莲许配给李鸿章为继室，段光清欣然应允。同治元年（1862），李鸿章在苏州迎娶了赵继莲。

段喆除了精通堪舆之学外，还雅好园艺，寄情山水，有两副传世楹联可为证。

第一副楹联由晚清著名词人薛时雨（1818－1885）所作。薛时雨字慰农，安徽全椒人，官至杭州知府，曾在李鸿章幕中担任幕僚，他曾撰楹联《赠同乡段小湖观察》一副，联文为：“具大胸襟，旷览江天，包罗海岳；试小经济，长养花木，位置鼎彝。”[①]

第二副楹联为段喆自撰。光绪十八年（1892），段喆自徐州兵备道任上致仕，归里后曾自撰楹联一副：“里号盘龙，任老夫移情山水；门开驷马，愿儿孙励志风云。”[②]

从这两副楹联中可以看出，段喆既能建功立业，又能寄情园艺和山水的洒脱与旷达，也为其自号“三十万松竹主人”提供了合理的注解。

那么，段喆的三十万棵松竹种于何处呢？

据民国《宿松县志》载，宿松“邑境产木之属以松为最多”，邑民常“栽种松秧画疆立界”[③]。而且关于宿松及其古地名“松滋侯国”名称的由来，一直存在一种观点，即认为其中的“松”字与宿松境内漫山遍野的松树有关。

民国《宿松县志》还记载，“邑境西北居民以竹木两项为农家之极大副产，然木类多属天然滋生，唯竹类则视为生利之大宗，蓄养必周，栽植甚广”，“故各山竹林较木林殊为茂密”[④]。

段氏祖宅即位于宿松县北山盘龙里，段喆及其父段光清均热爱家乡山水，段喆以“三十万松竹主人”自称，应缘于此。

另据史料记载，段喆在江宁亦曾建有私宅，但他卸任后，和父亲段光清一样，回到宿松故里，过着与松竹为伍的耕读生活。清末民初，段氏后人有多人回宿松办实业，其中林业就占有很大比重。

在2011年10月举办的北京保利第10期拍卖会上，曾拍卖一幅书法扇面，书写内容为行书颜真卿《争座位贴》，作者为钱桨良，署款为：“小湖方伯大人诲正，时己巳孟夏中浣，钱桨良谨识于邗江营幕。”“邗江”为扬州的古地名，查此“己巳”为同治八年（1869），此时段喆因军功获赏布政使衔，并受李鸿章委派，统管淮军勋字营，在扬州驻扎。我们可依此推断出，“三十万松林主人别墅”的题额者“门人钱桨良”即为段喆的幕僚。因此，这幅扇面为我们提供了段喆即为“三十万松竹主人”的间接证据。

---

① 江忍庵：《分类楹联宝库》，上海科学技术文献出版社，2019年。

② 白启寰：《安徽名胜楹联辑注大全·上》，安庆市楹联协会、无为县楹联协会，1997年。

③ 俞庆澜、刘昂修、张灿奎：《民国宿松县志·实业志·森林（卷十八）》，江苏古籍出版社，1998年。

④ 俞庆澜、刘昂修、张灿奎：《民国宿松县志·实业志·森林（卷十八）》，江苏古籍出版社，1998年。

第四节　实业家彭名保

同治三年（1864），曾国藩将安庆内军械所迁往江宁，对于当时的安徽省会安庆而言，意味着一颗科技革新和近代工业的种子在这片土地上生根发芽以后，还没等到成长壮大，就被移栽到了别处。但中国第一艘机轮船在安庆掀起的近代技术革新的波澜并没有因此戛然而止。光绪十年（1884），一位名叫彭名保（图5.6）的苏州人来到安庆，他不仅带来了电报这一近代信息传播工具，还在安庆成功制造了第一部完全出自中国人之手的电话机，使得安庆再一次因近代技术革新赢得世人的瞩目。

光绪二十二年（1896），洋务派官吏邓华熙也来到了安庆，出任安徽巡抚，彭名保由于精于制造、能办实业，被锐意革新的邓华熙发现并重用，成为继安庆内军械所以后，洋务运动在近代安庆的续篇中不可或缺的重要人物。

图5.6　彭名保

彭名保（1854—1909），字新三，出身于苏州彭氏家族。苏州彭氏是清代显赫一时的科举及官宦世家，有清一代，家族中共出状元2名、进士14名、举人22名，其中有众多位居显宦者。晚清以后，随着科举制度的没落，彭氏家族在子女教育上开始转向新式教育和西学，彭名保就位列其中。

近来，笔者耙梳晚清时期的《申报》等相关史料，基本复原了彭名保在安庆的活动轨迹。

一、督办安庆电报

中国电报事业的发起人为北洋大臣李鸿章，自光绪六年（1880）起，李鸿章任命盛宣怀为电报局总办，相继兴工建设津沪线和苏浙闽粤线。光绪八年（1882）起，又开始兴工铺设第三条电报干线——长江线。长江线起自江宁，终于汉口，途中设支线经大通、殷家汇至安庆。光绪十年（1884），长江线竣工，彭名保于这年二月受电报总局总办盛宣怀的委派来到安庆，担任安庆电报局总办，同时，他还以安徽候补府经历的身份，备安庆官署差遣。十月，为了加强沿江防务，护理安徽巡抚卢士杰令彭名保在前江口铺设水线过江，一直通往当涂的东西梁山炮台（现属芜湖）。此后，安徽沿江据点的军情，可以随时上报至省会安庆。

长江电报线竣工后，李鸿章于光绪十一年（1885）八月和光绪十二年（1886）五月两次上奏朝廷，为在铺设电线和创办各省电报局过程中的有功人员请奖，为彭名保争取了“得府经缺后以知县用”[①] 的奖励。

安庆电报局创办之初，官电亦由商电局统一办理，光绪十五年（1889），安徽巡抚陈彝于抚署之东租赁民房，另设官电局，专门接发官电[②]，以区别于原有的商电局，两局均归彭名保管理。光绪二十年（1894），巡抚福润为了节省开支，又将官电局裁撤[③]（1907 年冯煦复设官电报局）。

在当时的中国，电报是新生事物，各省电报局人员大多经过洋务派创办的电报学堂培训。电报局创立初期，电报学堂培训的学员供不应求，人才极其缺乏。据衣言庄藏《彭氏宗谱》载，彭名保自幼即颖悟过人，于“声光汽电制造”诸西学均“不藉师资”[④]，自学成才，且他的才干却不比那些电报学堂肄业生差。当时安庆电报局以及所属池州殷家汇、大通两处电报局的电线、电柱等器材的采购、修理、安装，彭名保多是亲力亲为，有时还要奉盛宣怀差委，赴外省修理线路。由此可以看出，彭名保不仅勤于电务，也精于电务，是当时各省督办电报人员中的佼佼者。

据程小苏《安庆旧影》记载，安庆电报局初设地点位于城西五垱坡。自光绪十年（1884）起至光绪二十九年（1903），彭名保在这里主管安庆电报达二十年之久。

光绪二十八年（1902），清廷将电报局收归官办，原电报局总办盛宣怀因丁忧，离职回家守制。第二年，新任督办电政大臣袁世凯另行委任了安庆电报局帮办人选[⑤]，彭名保自此离开了他一手创办的安庆电报局。

---

① 顾廷龙、戴逸：《李鸿章全集 11》，安徽教育出版社，2008 年。

② 《申报》，1889 年 3 月 4 日。

③ 《申报》，1894 年 7 月 10 日。

④ 《彭氏宗谱·卷二》，衣言庄藏本，1922 年。

⑤ 《申报》，1903 年 6 月 4 日。

二、开办“日新”三厂

光绪二十二年（1896）至光绪二十六年（1900），邓华熙出任安徽巡抚期间，在军事、经济、教育等领域实施了一系列的革新措施，支持新政、精通西学的彭名保当仁不让地成为邓华熙重用的对象，这主要体现在“日新三厂”的开办上。

“日新三厂”指的是光绪二十三年（1897）至光绪二十四年（1898）间，邓华熙授命彭名保在安庆开办或主管的日新蚕桑公司、日新传声公司和安省日新厂。三厂虽然都以“日新”为名，但性质不同，日新蚕桑公司为官督商办，日新传声公司为商办，安省日新厂则为安徽银元局下设的官办工厂。

“日新”一词源于《大学》第三章，“汤之《盘铭》曰：‘苟日新，日日新，又日新。’《康诰》曰：‘做新民。’《诗》曰：‘周虽旧邦，其命惟新。’是故君子无所不用其极。”邓华熙和彭名保以“日新”二字为他们兴办的“三厂”命名，体现了传承中华民族自古即有的弃旧图新精神的办厂宗旨。

1. 日新蚕桑公司

日新蚕桑公司设课桑园于安庆东门外五里庙，经邓华熙奏请清廷，拨用东门外空闲官地，由彭名保筹集商股创立，从浙江湖州引进优良的蚕种和桑苗，育蚕缫丝，计划“由农而工，推及经商”①，形成农工商一体的产业链。园中引进近代技术设施，有育茧缫丝的育蚕室，有讲学会友的“厅室”，有储器藏书的化学房，另设有制造厂、畜牧场和蒙学馆等，还为挑选蚕种、化验土质购置了显微镜和各种化学器材等。

民国以后，东门课桑园内曾先后开办安庆第一蚕桑试验场和安徽省立女子蚕桑讲习所。这些都离不开彭名保创办蚕桑公司时打下的基础。另据安庆张健初先生调查，彭名保曾在桑园附近建有私宅，这一带曾被周边百姓称为“彭家桑园”，直至 20 世纪 60 年代初，安庆东门还存有大片桑树。

2. 日新传声公司

日新传声公司成立于光绪二十四年（1898），是中国第一家民办电话企业，主要经营彭名保自行制造的电话机。为了使其区别于西洋人经营的电话，彭名保为其取名为“传声器”。

彭名保制成传声器的时间应不迟于光绪二十三年（1897），这年 8 月 2 日的

---

① 朱有瓛：《中国近代学制史料·第 1 辑·下》，华东师范大学出版社，1986 年。

《集成报》曾载："苏州彭君新三能自造德律风，比西人所造者加远三倍，而其音转清亮。"[①]"德律风"为英语单词"telephone"的音译。这是目前所见最早的记载彭名保制作电话机的信史。

彭名保制造传声器所用器材均在国内采购，机匣内的"精细之件不下五六十种"[②]，彭名保常利用修理电报线路的时机，将机匣携至各处进行试验，制成后最远通话距离可达二三百里，且声音清楚[③]。

传声器制成以后，彭名保早有开办公司的打算，他担心公司开办后不能保护自身权益，因此请求电报局总办盛宣怀代为奏请专利，盛宣怀也曾一度允诺，但当时的中国电报采取的是官督商办的形式，电报局内部人员大多也占有股份，电报总局某委员提出，电话如果推广开来，会与电报局争夺利润，于是盛宣怀最终没有兑现承诺[④]。

光绪二十四年（1898），光绪帝在维新派支持下，发起了自上而下的维新变法，于当年五月颁布了《振兴工艺给奖章程》，并承诺对"制成新器"且"果系堪资实用者"，"颁给执照，酌定年限，准其专利售卖"[⑤]，第一次对专利保护实行了明文规定。这年十一月，邓华熙草拟了《候补知州新制传声器请敕总署考验并予专利片》，奏请朝廷为彭名保颁发专利。

这份奏片最终被压下，没有得到朝廷的批示，但据《皖政辑要》载，日新传声公司已经于光绪二十四年十月正式成立[⑥]。大约在公司成立的两个月前，安徽巡抚邓华熙在抚署内装设了电话，以便与幕僚"随时问答，可免徒步之劳"[⑦]，可以推想，邓华熙所装设的电话就是彭名保所制造的传声器。光绪二十五年（1899），不甘心将电话之利拱手让人的盛宣怀奏请朝廷由电报局兼办电话，后虽因庚子之乱，没有立即实行，但已使得日新传声公司在刚刚成立不久即陷入前途未卜的尴尬境地。

关于日新传声公司的经营情况，史料中没有明确记载，但电话在当时中国是新鲜事物，用户极少，而电话线路的装设又需要较高的成本，因此，初建的公司

① 《集成报·第十册》，1897 年 8 月 2 日。
② 《申报》，1898 年 12 月 21 日。
③ 《申报》，1898 年 12 月 28 日。
④ 《集成报·第十册》，1897 年 8 月 2 日。
⑤ 汤志钧、陈祖恩：《中国近代教育史资料汇编·戊戌时期教育》，上海教育出版社，1993 年。
⑥ 冯煦：《皖政辑要》，黄山书社，2005 年。
⑦ 《申报》，1898 年 9 月 16 日。

经营状况不佳是可以料想的。

日新传声公司正式停办的时间应该是在光绪三十一年（1905），因为在这一年，电政督办大臣袁世凯再次奏请朝廷由电报局经办电话，并进一步规定："除通商口岸已设之电话外，无论何地何人，凡未经中国政府及电局允准者，概不准擅设电话，以保电利而维主权。"[①] 袁世凯自此垄断了电话业务，直至光绪三十三年（1907）离开北洋调任军机大臣为止。

1904 年 12 月 8 日《申报》上的一条消息值得我们注意。报载清廷派时任户部尚书铁良为钦差大臣，赴安庆清查牙厘账目，当时的安徽巡抚诚勋得知消息后，将浙江会馆附近的文昌宫装设一新，作为铁良的临时办公地点，并让彭名保在文昌宫里安装了电话[②]。彭名保一年多以前已不再督办安庆电报局，并于 1904 年 6 月赴无为州任州牧实缺[③]，想必为安装电话而专程回安庆，由此亦可证明，日新传声公司一直维持到光绪三十一年袁世凯垄断电话业务后才正式停业。

3. 安省日新厂

光绪二十三年（1897），安徽巡抚邓华熙在省城安庆的东门内创建银元局，设厂鼓铸银元，并于第二年正式建成，开工鼓铸，所用机器大多购自德国。

1999 年，在地处银元局旧址区域内的安庆三中工地上，发现了安庆造币厂遗址，出土有光板铜元、炉膛遗迹等。在出土的耐火砖上，有中文"安省日新厂造"和英文"MAKER. BONG"的字样（图 5.7）。

图 5.7　安庆造币厂遗址出土的耐火砖

① 王彦威、王亮：《清季外交史料 7》，湖南师范大学出版社，2015 年。

② 《申报》，1904 年 12 月 8 日。

③ 《申报》，1904 年 6 月 26 日。

安徽银元局只开工鼓铸了一年多的时间即于光绪二十五年（1899）停铸。光绪二十八年（1902），安徽巡抚聂缉椝又设铜元局，利用银元局旧厂址和机炉鼓铸铜元。安庆造币厂遗址除了出土由耐火砖砌成的炉膛遗迹和破损零件外，还有光板十文及二十文铜币，因此该遗址当为铜元局延用的银元局旧厂遗址。光绪三十年（1904），聂缉椝又在旧厂附近开办新厂，新旧两厂同时鼓铸。光绪三十二年（1906），因户部限制铜元数量，遂将旧厂停办。

我们有理由推测，此耐火砖即为彭名保参与安徽银元局铸币的实物证据。因为，耐火砖上之英文“MAKER”即制造者之意，而“BONG”为“彭”姓的旧译法。

早在光绪二十二年（1896）起，彭名保就因熟悉制造技术，奉命兼办安庆制造局，而他素来潜心钻研“声光汽电”各项技术，参与铸币厂筹建、熟练地掌握铸币技术对于彭名保来说必然不是什么难事。彭名保亦曾著有《铸铜币答问》一卷，光绪二十九年（1903）由昌言报馆（前身为《时务报》）编入《财政丛书》公开出版。该书以问答的方式，对钱币的铸造、流通、汇兑等各个环节均有详细的介绍，书中对铸银钱和铜钱各自用料和所需坐本、行本、工费，以及余利的算法等也有十分详尽的对比，并以安徽铸钱为例，说明了银元厂改造为铜元厂应注意的改造钢模和添造机器等相关问题。

据史料记载，安徽银元局及铜元局提调官皆另有其人，但上述耐火砖和《铸铜币答问》一书可以证明，彭名保是银元局下设的安省日新厂筹建工作的实际执行人，并承担主要技术工作。此后在聂缉椝创建铜元局、利用银元局旧厂（即安省日新厂）铸币后，又因熟谙铸币技术，在铜元局铸币初期参与了旧厂的铸币活动。

三、补缺无为州牧

精于西学、致力于兴办洋务和实业的彭名保，虽然走的并不是科举入仕的老路，但由于根深蒂固的传统仕进观念的影响，也为了使自己在办实业的过程中能得到来自官方的便利条件，还是在来安庆前即为自己捐了“安徽候补府经历”的虚职，此后又于光绪十六年（1890）至光绪十八年（1892）间先后捐了“候补知州”和“加四品顶戴”的荣衔。光绪三十年（1904），前任无为州知州在任上病故，彭名保奉命补无为州缺。

衣言庄藏民国十一年（1922）《彭氏宗谱》对彭名保在安庆的洋务活动有这样的评价：“皖省开办电报、制造各局厂，筹建规划，多所建树，永久攸赖。惜清季薄待专门人才，凡草创之事，成效既著，即为上宪位置私人之所，以致用违所学，不克展其抱负，人多惜焉。”[①]

再看耐火砖上英文“MAKER. BONG”的巨大字符，似乎隐藏了他的些许不甘。

意不在宦途的彭名保在无为州州牧任上必然只能是强为应付。据史料记载，彭名保赴无为州州牧任后，没有及时利用余款采购积谷以备灾时之需，而是将钱款存入典当行生息。这也许是他多年来办实业养成的盈利性的思维习惯使然。光绪三十三年（1907），安徽遭受严重水灾，同年底，由于他对安徽巡抚冯煦关于平粜（即灾期平价出售积谷）的饬办“无切实办法”，遭到了冯煦的批斥[②]。

接替冯煦出任安徽巡抚的朱家宝显然也对彭名保在无为州的表现感到不满意，宣统元年（1909）初，朱家宝对彭名保作出了“治行平常，不胜繁剧”的评语，并奏请朝廷“著开缺另补”[③]，免去了他无为州州牧的职务。

宣统元年底，彭名保在安庆城东门外名为“桑园”的彭家宅子里郁郁而终。

---

① 《彭氏宗谱・卷二》，衣言庄藏本，1922年。

② 《申报》，1907年12月22日。

③ 《申报》，1909年2月20日。

第六章　两件民国时期安庆史料研究

第一节　一份民国安徽省政府公函

2018 年，安庆博物馆从本市收藏家张忠先生处征集了一件民国时期的公函。这份公函（图 6.1）发文单位为民国安徽省政府，收文单位为安徽通志馆，记载了安徽通志馆向安庆邮务管理局采辑纂修《安徽通志》所需的本省邮政方面志材的过程。

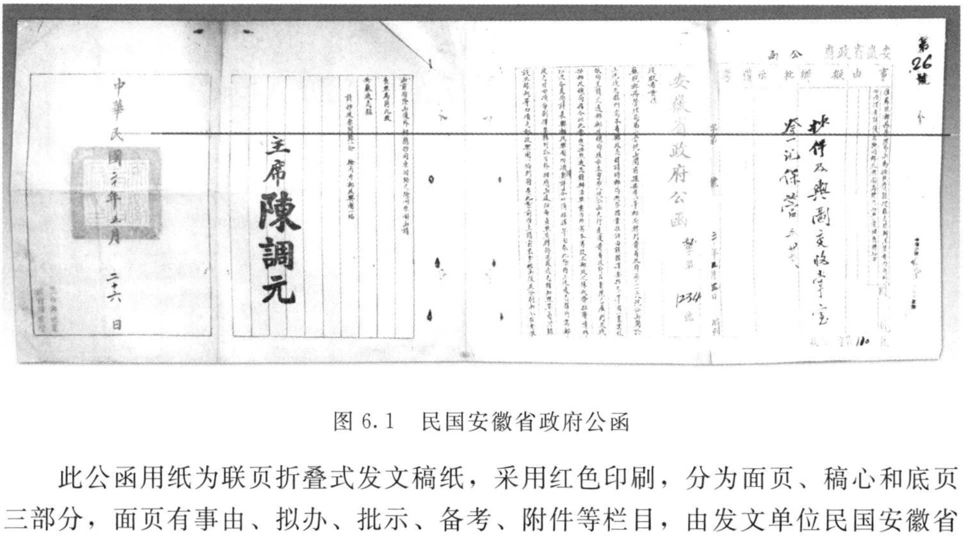

图 6.1　民国安徽省政府公函

此公函用纸为联页折叠式发文稿纸，采用红色印刷，分为面页、稿心和底页三部分，面页有事由、拟办、批示、备考、附件等栏目，由发文单位民国安徽省政府和收文单位安徽省通志馆分别填写相应内容。其中文种和事由栏由发文者填写，事由栏中写道："准苏皖邮务管理局函，为按照贵馆搜罗志材办法草案内所列四项，择要详复，并检同邮政舆图，为转行知照一案，相应转知由。”收文单位安徽通志馆收文后，也在此页填写了收文编号、日期和公函处理意见等信息。右下方填写的收文字号为“110”号，右侧边框上方为编档号“第 26 号”，下方钤有“中华民国二拾年五月廿七日收到”的戳记，填写的拟办和批办意见为：“抄件及舆图交收掌室登记保管。”备考栏内钤有黑色长方形戳记一枚，内容为：“发文务请注明来文某字号。”从面页上填写的办理意见可以看出，公函与附件被安徽通志馆分别存档。附件今已不存。

民国时期，公文格式经过十多次调整，这种在面页上集中填写公文收发、办理和归档信息的做法于 1929 年 1 月开始实行。当时由国民政府颁布训令，要求统一公文用纸式样，在公文面页上印制事由、拟办、批办等栏目，事由由发文机关填写，收文机关在面页上填写公文办理意见等信息，从而使得公文面页同时兼具收文、办理、归档等功能，在一定程度上提高了行政效率。

此公函稿心部分分为两页，起首印有“安徽省政府公函”及公文字号栏，发文号为“秘字 1234 号”，正文用端正工整的小楷书法填写，全文如下：

> 迳启者：案准苏皖邮务管理局第一五七号函开：前据安庆一等邮局转到贵省政府第二一三八号公函，关于上述通志馆所需本省邮政志材，请将邮局历存档案，准许由该馆择要抄存等因一案，业经敝局呈请交通部邮政总局核示，并由第八号公函先行达复贵省政府在案，现已奉到交通部邮政总局指令，以此案应按照通志馆办法，草案内所需本省设立邮政之缘起暨推广情形，以及各支局详表与邮政舆图四项，择要详答，以备采择等因，奉此，除将上述通志馆所需邮政志材四项分别择要胪列于左外，相应函达，即希查照，并转饬安徽通志馆知照等因，附录设立缘起等四项及邮政舆图一幅到府，查此案前准呈请前来，业经函复，并分别函令在案准函前，因除函复外，相应抄同原附录及检同原图，函请查照为荷。此致安徽通志馆。
>
> 计抄送原附录一份，检同原邮政舆图一幅。
>
> 主席　陈调元

正文末尾有时任安徽省政府主席陈调元的亲笔署名，尾页填写的日期为“中华民国二十年五月二十六日”，钤有方形朱文“安徽省政府印”。

这是一份安徽省政府行文至安徽通志馆的转发性公函，内容为转发苏皖邮务管理局函复的安徽通志馆所需修志材料。“案准”即为旧式公文中转述其他官署来文的引导用语。

收文单位安徽通志馆名称出现在正文末尾处。“此致”在现在的信件中表示信件内容的结束，而在民国公文中，则为常用的致达语，为“送达”之意，后接信函送至的机关、团体或个人，而公文起首处则以“迳启者”“敬启者”“谨肃者”等引导，直接陈事。

文中“苏皖邮务管理局”和“安徽通志馆”另起行顶格书写，是民国早期公文中常用的“平抬”格式，用于表示对所提及单位或个人的尊敬。

公函内容主要为对苏皖邮务管理局来函的转述，转述内容从“前据安庆一等邮局”起，至“并转饬安徽通志馆知照等因”止，而此转述中“关于上述通志馆所需本省邮政志材，请将邮局历存档案，准许由该馆择要抄存等因”一句，以及从“以此案应按照通志馆办法”至“以备采择等因”一段，又为苏皖邮务管理局分别对安徽省政府和交通部邮政总局公文的引述。几处引述各以“等因”为结束语，并各以“奉此”二字引出本单位处理意见。民国时期的公文常常层层转发、层层引述，“等因”“奉此”作为承转语的重叠使用，是民国时期公文中的普遍现象，“等因”“奉此”因此成为官样文章的代名词。

安徽通志馆是民国时安徽省的修志机构，直属安徽省政府管辖。1929 年 12 月，国民政府颁布《修志事例概要》，在全国掀起了修志热潮。在这股热潮的推动下，1930 年 9 月 19 日，安徽通志馆正式成立，馆址在安庆状元府街（1932 年搬至省教育厅），江暐（字彤侯）任馆长，聘请了金天翮、程筱苏、程演生等著名学人任编纂，胡适、刘文典、王星拱、张树侯等 60 余人为特聘编纂。胡渊如、姚永朴、方守敦等安庆学人亦曾在通志馆任采访工作。

安徽通志馆自 1930 年始，即着手纂修《安徽通志》，原计划六年成书，但由于经费短缺、志材采辑困难等原因，1935 年，修志工作陷于停顿，仅有半成品《安徽通志稿》传世。

抗日战争爆发后，安徽通志馆先后将馆藏图书资料密藏在小龙山中方寺和振风塔第三层。抗战胜利后，馆长江暐请求安徽省政府恢复安徽通志馆，由于经费无着，直到 1946 年 9 月，安徽通志馆才得以恢复，光明甫任馆长。但由于经费问题仍得不到解决，不久，安徽通志馆并入安徽文献委员会，实际上已是名存实亡。

公函中所提及的“苏皖邮务管理局”成立于 1931 年 1 月 1 日，交通部为节约经费开支，将江苏和安徽两个邮区合并为苏皖邮区，总部设在南京，称苏皖邮务管理局，原安徽邮务管理局改为安庆一等甲级邮局，亦称安庆邮务管理局。同年 11 月，又将苏皖邮务管理局改称苏皖邮政管理局。1935 年 5 月 21 日，由于合并后的苏皖邮区范围过大，给管理带来巨大困难，苏皖邮区撤销，仍还原为江苏和安徽两个邮区，并在安庆恢复了安徽邮政管理局。

对于党务、行政、司法等机关的修志材料的采辑工作，安徽通志馆在建馆之初，即专门制订了《安徽通志馆采辑各机关修志材料办法》，并制订了“派员向主管各机关或档案保管员就现存档案择要抄录或委托各机关采辑”[①] 的志材采辑办法。此办法明确了拟向安庆邮务管理局采辑的志材内容有四项，即“本省设立邮政之缘起、历年推广情形、各支局详表、邮路图”[②]。这与公函中苏皖邮务管理局所列志材内容是一致的。

民国时期，公文格式经过多次调整后，虽然逐渐摒除了封建时期旧式文牍的诸多弊端，但由于民国时期政局的动荡，政府缺乏号召力和权威性，不具备强大的行政职能，使得民国的公文普遍存在重形式轻内容、效率低下的现象，再加上此时的安庆邮务管理局隶属设在南京的苏皖邮务管理局管辖，又为安徽通志馆邮政志材采辑工作的整个过程增加了难度。

从公函内容来看，就安徽通志馆采辑本省邮政志材一事，经历了一系列烦琐的行政程序。

第一步，安徽通志馆向安徽省政府进呈，请求抄录各机关所存档案中相关内容作为修志材料。第二步，安徽省政府就此函复并予以批准，同时分别发函至包括安庆邮务管理局在内的各机关，要求准许安徽通志馆抄录志材，并将采辑内容附后。第三步，安庆邮务管理局接函后，转函至苏皖邮务管理局。第四步，苏皖邮务管理局就此事呈请交通部邮政总局核示，同时将此办理情况函复安徽省政府；在得到交通部邮政总局批示同意后，又将批复意见函转安徽省政府，并将安徽通志馆所需志材作为附件同时函达。第五步，安徽省政府接函后，将苏皖邮务管理局公函及附件材料转发至安徽通志馆。

从公函内容可以看出，安徽通志馆采辑本省邮政志材这一过程，至少经历了五个机关五个步骤的九次行文，民国时期“文书政治”的弊端由此可见一斑，亦从一个侧面反映了安徽通志馆志材采辑工作的不易。

这份民国安徽省政府公函是一份重要的安庆地方档案，不仅为研究安徽通志馆和安庆邮政的历史提供了重要物证，也为研究民国时期公文程式的演变和行政工作流程提供了重要资料。

---

① 安徽通志馆文书股：《安徽通志馆第一次报告书·采辑》，1931 年。

② 安徽通志馆文书股：《安徽通志馆第一次报告书·采辑》，1931 年。

第二节　在安庆诞生的抗战名曲《淮河船夫曲》

十四年抗战期间，爱国文艺工作者创作了大量唤起民族觉醒、激励全民抗战的优秀歌曲，无数中国人在这些歌曲的激励下坚定了必胜的信念，无数爱国青年唱着这些歌曲走上了抗日救亡的革命道路。

1937 年冬，诗人鲁藜和作曲家杜矢甲在安庆不期而遇，一首名为《淮河船夫曲》的抗战名曲自此从安庆唱响至华夏大地。

鲁藜（1914—1999），原名许图地，福建同安人。童年时代随父母侨居越南，生活困苦。1932 年回国，考入集美乡村师范实验学校。1936 年参加“左联”，同年加入中国共产党。1937 年春，鲁藜奉调来到安徽，在蚌埠省立第三民众教育馆担任指导员；11 月上海沦陷后，他又受党组织委派，转到位于安庆的安徽省立第一民众教育馆，主要负责组织、指导抗日救亡活动，同时兼任《皖江日报》副刊编辑，发表了很多优秀的诗歌和散文。当时，省立安徽大学教授兼总务长胡子穆的夫人舒德进在安庆组建了一支“抗日歌咏队”，常在街头演出活报剧及演唱抗日歌曲，也聘请他担任艺术指导。

1937 年冬，面对日益严峻的抗战局势，鲁藜根据在蚌埠工作时见到的淮河船夫拉纤的场景，创作了一首名为《淮河船夫曲》的歌词：

暴风雨来了，
暴风雨来了，
淮河的水啊滚滚沸腾，
我们的血也滚滚沸腾。
拉呀紧哟！
拉呀紧哟！
一步拼一回命，
一步拼一回命！
太阳啊埋入乌云里，
田野呀罩上了阴影。
伙伴，伙伴，
抵住风暴前进！

冲破波浪前进！
前面呀射来世界的曙光，
快把这船呀送上时代的路程啊！
暴风雨来了，
暴风雨来了，
淮河的水啊滚滚沸腾，
我们的血也滚滚沸腾。
拉呀紧哟！前哟进哟！
前呀进！前进！

就在《淮河船夫曲》这首歌词完成之时，就读于上海国立音乐专科学校的杜矢甲在风起云涌的抗日热潮的感召下，提前结束了学业，随同“上海《大公报》读者会”宣传队来安庆开展抗日宣传工作。

杜矢甲乘船沿长江逆水而上，一路上见到的都是流离失所、苦难深重的同胞，心中满是悲愤和焦灼。因此，当他读到鲁藜的这首歌词时，立即被其所表现的中国人民在危难时刻同仇敌忾、不屈不挠的昂扬气概所打动，当晚就为歌词谱了曲，写成了一首沉雄有力的男低音独唱歌曲《淮河船夫曲》，这也是杜矢甲青年时代创作的第一首歌曲。第二天，在省立安徽大学的大礼堂里，杜矢甲用雄浑的男低音首次演唱了这首歌曲。歌曲很快就在各大中学校流传开来，不久就传遍了安庆城。此后，杜矢甲又先后在武汉、长沙、西安、延安等地的巡演活动中演唱了这首歌，使其成为广泛传唱的抗战名曲。

著名音乐家夏之秋听了这首歌，十分欣赏，推荐给《战歌》杂志的主编刘雪庵，后者将其刊载于1938年1月《战歌》一卷五期（图6.2），其他刊物纷纷转载。

这首歌曲还得到了著名音乐家冼星海的肯定。冼星海说：“歌曲的曲调与歌词配合得很自然，旋律流畅，曲式结构单纯、完整。”他认为：“《淮河船夫曲》是一首优秀的歌曲，有中国气派和时代感，音调来自民族音乐并有所创新。”

鲁藜到达延安后发表了著名的《延安组诗》和《延河散歌》，成为解放区的著名诗人和“七月派”代表诗人之一。中华人民共和国成立后，鲁藜先后担任天津市文学工作者协会主席、中国作协天津分会副主席等，著有诗集《醒来的时候》《时间的歌》《天青集》等。

杜矢甲于1938年3月加入中国共产党，不久也来到延安，在鲁迅艺术文学院音乐系任声乐教员。1980年后任中央民族学院文艺研究所副所长。

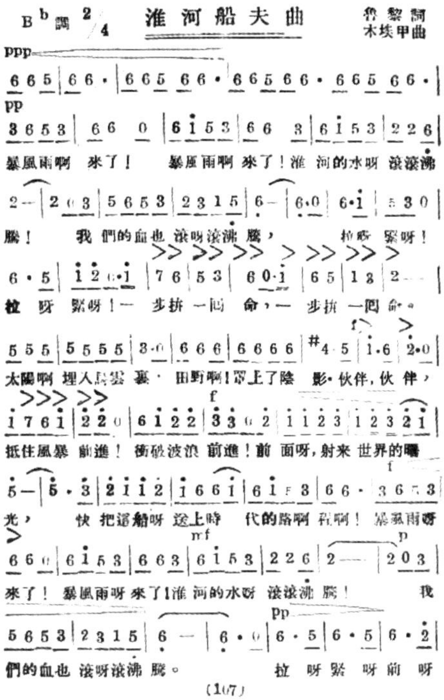

图 6.2　《战歌》杂志转载的《淮河船夫曲》

在延安时期，鲁藜与杜矢甲又共同创作了《青山青》《拿起我们的红缨枪》两首歌曲。抗日战争胜利以后，鲁藜受中央派遣，返回闽粤赣区党委工作。临行前，他将自己收藏的一块心形奇石送给杜矢甲，后者请一位鲁艺的木刻家在心形石上刻了五个字“暴风雨来了”。这是他们首次在安庆合作的《淮河船夫曲》中的歌词。

中华人民共和国成立以后，《淮河船夫曲》作为五四以来的中国优秀歌曲，多次被收录进国内出版发行的各种歌曲选集。